編織家園

歐蜜・偉浪、林益仁—著

各方好評

（以下按來稿時間排序）

歐蜜・偉浪牧師的家園故事，是從「家不成家」開始的。原住民族受到區域政治歷史、近現代國家、貨幣經濟、學校教育體系的衝擊，迎面遭遇的經濟困境，土地侵奪，環境破壞，離散與無家可歸之感，乃至政治覺醒的歷程，歐蜜・偉浪以他的親身經歷娓娓道來。因爲他的敘述，我們得以檢視60至90年代的臺灣，對更早便住在這塊土地上的原住民而言，曾經是怎樣的一個「家」。林益仁老師則從他出生成長的基隆——這個有著許多異鄉人的港市寫起，回想起一直就在身邊、共時生活，但當年完全不了解的同學、鄰居們，是怎樣地在同一個地理空間中，而有完全不同的生活經驗。

讀這本書，讓我們對家的理解能夠立體起來：不僅有自身本位的經驗，還需要理解與我們同樣以此地爲家的人們，以編織更大的家園共同體。歐蜜・偉浪牧師早年的「流浪」並不是以他回到卡拉部落爲終點，而是當他以他的生命經驗啓發了我們，使我們也意識到台灣這個家園對我、對我們的意義，而將我們的主體性，以敞開的方式互相連結。山脈，海洋，河流，森林，部落，城市，有生活在此地的人們，生命的氣息穿梭其中——家園正是成爲共同體的人們，眞實的生命，神聖的編織。

張惠菁（衛城出版社總編輯、名作家）

認識歐密牧師，約莫也有將近12年了。那天應該只是淺淺的打了招呼。因爲場合並沒有那樣的浪漫。八八風災後，族人爲居住權，反對迫遷，在凱道的風雨中，堅決夜宿抗議。身爲族裡的孩子，我只能盡力去讓族人，不要太冷太飢餓，那也是我第一次公開參與社運。

後來在美麗灣事件，新原民還我土地事件，原民轉型正義事件，些許我參與的原住民社會運動過程，歐密牧師都時不時會給予一些建議跟關懷。畢竟年輕的我們，有時衝動的看不清穩健的路途。但這條路永遠不會穩健也不會輕鬆。畢竟我們的家園的傷痕已經累積已久。但一代接著一代，爲了家園權益的我們，沒有打算放棄任何的爭取。

我們每個人都有我們的故事，爲何會對這些議題這樣的跟舒適圈對抗著。何不，就從歐密牧師的故事開始聽聽呢？

我是鄒族阿里山特富野社的Tanivu Yatauyungana，大家都叫我高慧君。推薦大家看歐蜜牧師的這本書。

高慧君 Tanivu Yatauyungana（金鐘影后）

歐蜜雖是我的政大原專班學生，但許多泰雅族原住民知識是從他身上學習而來。這本書是以溫暖、有趣卻又發人深省的筆觸，描述在土地上發生的點點滴滴的故事，在臉書上連載時，讓人有股追劇般的動力，每日期待劇情的發展。沒有別的理由，只因爲有些困境像是我年輕的時候遭遇過的，但有些苦痛，卻是我很難想像的！經過益仁老師的對話、詮釋，更是觸動心靈深處，油然升起感佩之心！因此，我要鄭重懇切推薦大家一起看這本書，瞭解一位想爲跨族群人們做事的勇士，如何在艱困、嚐盡苦痛的過程，逐步養成自我茁壯、服務人群的重要元素。

顏愛靜（政治大學地政學系／土地政策與環境規劃碩士原住民專班兼任教授）

1990年的野百合學運首批發起絕食時，歐蜜就睡我隔壁。30餘年後，得見歐蜜的珍貴文字紀錄：從部落到基隆，甚至到鹿港當童工，到最後成爲爲原住民發聲的正義力量，令我不勝感佩！

戴章皇（萊弗斯基因公司 執行董事）

拜讀歐蜜牧師描述他自己前半生的故事，可謂精彩又豐富，眞教人感佩。從高山到平地又到海邊；由台灣國內越洋跨海到鄰國實際參與人道關懷及代爲力爭權益等等的事蹟，在在見證了其對基督信仰的實踐，有血有淚，値得細細品味。

烏杜夫・勒巴克（泰雅爾族民族議會議長）

Lpgun qu biru bniru na Omi Boksi ka cyux pqyuw squ pinhkngyan nya smka gleng na qnxan nya ga, talagay miyan nqu hongu utux ka blaq ngayan ru bhoyaw bay. pinhkngyan nya wal balay hminas kinlabang ru kizizik. kahul nya rrgyax tehuk b'nux ru syaw bsilung; ru aring squ kinhangan Taywan ru krayas bsilung tehuk binah kkinhangan, musa smi inlungan squ kin'uy na ssquliq, ru kin-giwan msina kinqpzing nha. musa baqun balay ktan wal nya sptzyuwaw balay sinnhyan nya aqu Kiristo. maki balay zuwaw nya pthuyay lmpuw.

Utux Lbak ka Gicyo na

Ginlhoyan Pspung Zyuwaw Tayal

一個人的價值不在於你是什麼？而在於你做了什麼？對於歐蜜偉浪牧師，我個人有幾個極為深刻的印象：其一、流露眞愛：我在台北林口的長庚醫院加護病房，主持他與前妻的婚禮，其眞實的愛，觸動人心。其二、小事忠心：甘願屈身於小小的比亞外教會牧會，並幫助弱小的部落與居民成長發展。其三、洞悉時局：敏銳洞察原住民族社會的契機與危機，使原住民族能知所進退。其四、勇往直前：目前除歐蜜偉浪在原住民族的權益和議題，仍嘶聲疾呼，其他人早已下架了。

歐蜜偉浪牧師是原住民族忠實的守望與守護者，感謝其花費時間與精力，整理精彩的人生歷程和故事與人分享，並設身處地為原住民族付出犧牲，並做出有深遠意義與價值的貢獻，願上帝紀念並祝福。

尤哈尼・伊斯卡卡夫特（前駐斐濟大使／原民會主委，澳洲 Nungkalingya College 校友）

我認識歐蜜牧師超過三十年，對他的印象就是一個不向政權低頭，在任何抗爭場合永遠站在最前線的原住民運動家。但或許這就是我們大多數人對他的誤解，不知道牧師是個有血、有淚、有情、有義的泰雅族男子漢。

這本書是牧師的自敘，是他從小到現在的人生故事。當中我們看到一個部落小孩的成長，如何從一個山村小部落到大社會奮鬥的歷程。他跟很多部落族人一樣，經歷過「番仔」的污名化時代，也當過貨車上的捆工、工廠的童工，這些歷程都是他後來投入原運30多年的「養分」。我是在八〇的原運中認識歐密牧師，當時他在玉神讀書，「東埔挖墳事件」、「反雛妓運動」、「拉倒吳鳳事件」、「還我土地運動」 都常看見他的身影，台灣原住民族運動史，歐蜜牧師是最值得被記錄的典範者之一。

每一位投身原運的前輩，都有豐富的部落成長經驗，用抗爭來爭取權益，用吶喊來呼喚正義，都是他們尋找家園的歷程。這本用血汗、淚水書寫的故事，是歐蜜牧師最好的證道。

在此，強烈推薦給讀者們，尤其是我們原住民朋友。

台邦・撒沙勒（國立成功大學考古研究所 教授）

書寫推薦這本Omi Wilang牧師與林益仁老師二人生命經歷對話的書，實爲榮幸。雖然這本書是個人生命經歷故事，但其能發揮當代原住民族集體生命記憶的共鳴。

熟悉台灣原住民族運動的人都知道，從1970年起多年原民運動的歷史，使我們與土地上所有豐富的族群與文化彼此交織，相互關聯，這點是這本書所呈現的意義和價值之一。儘管我們受到一些外來統治者對台灣人民施加不同的政治型態，更經歷長期而嚴酷的戒嚴時期，然而這本《編織家園》的書，極爲細膩地陳述在此環境中族人對尊嚴維護和對認同深化的生命奮鬥史，進而試圖來重建這塊土地台灣人民的心靈。

從這兩位作者的生命故事的對話，在另一個意義來說，是人類歡慶身分認同的重要手段之一，不僅保護我們的歷史、文化和信仰遺產，也成爲個人和家庭重要的義務和責任；同時也不斷地的提醒我們的根源，我們來自何處，我們是誰，並在認同的進程中，指引我們如何透過挑戰、困難和喜樂一而再再而三來編織著我們自己的家園和共同的家園。

當我看到《編織家園》這個語詞時，自然會聯想到溫暖和盼望，這溫暖和盼望，它是一個強而有力的「呼喚」和「委身」，從呼喚和委身中，蘊育出一個充滿生命、正能量和希望的作者Omi Wilang牧師，進而督促台灣原住民一個充滿愛和盼望的願景。因此，本書帶給我個人有幾項幫助和價值，供大家參考：

1、 它有如我們台灣人民共同的奮鬥史，其內容生動豐富。
2、 它有如我們台灣人民自我認同的定心丸，拋開自我否定和自卑，邁向自我肯定與自信的生命態度，我台灣，我驕傲！
3、 它有如我們台灣人民自主與覺醒運動的強心劑，當家作主開創自己的願景。

陳信良（前彰化基督教醫院董事長，現任台灣基督長老教會總幹事）

歐蜜的好文筆、好口才，這我是知道的。歐蜜上街頭、爭原權，幾十年不改其志，這也是眾所皆知。只是，這樣的牧師實在讓人好奇！

欣見他隨筆而寫的臉書篇章，經過一番牽引集結成書，乍看是淺灘，但泅進去卻要發現一篇一篇都是深潭，豐饒難擋，讓我們得以窺見這人生苦他心志，勞他筋骨，咬著牙奮鬥卻仍然笑咪咪，別人輕賤卻還是心懷大志，即使早已不是血氣方剛年歲，在鋒利的風格中卻帶著圓熟的辯證。歐蜜耐人尋味，人如其文，嗜讀性極佳，鄭重推薦。

伍麗華（立法委員）

這本書是身爲泰雅族原住民，又是長老會牧者的歐蜜牧師，把他從小至今的生長歷程，以時而有趣、詼諧，但時而悲情，甚至憤怒的筆觸，很眞實描述、呈現出來的故事。

不但讓人更加了解歐蜜牧師如何在艱困、不公與痛苦之中逐漸成長，進而洞察、奮發，投入原住民組運動與信仰追求、成長、教會牧養等各階段的人生歷練，以及爲何至今他仍然願意努力不懈、持續獻身爲原住民族發聲與守護的動力來源。而且透過歐蜜牧師親身的經歷，可以更清楚台灣社會如何對待原住民族與社會底層民衆的眞實情境。最後林益仁教授與歐蜜牧師人生歷練的家園對話，更是本書的亮點，讓讀者可以藉此深化尋找家園、家園定義、痛苦或苦難等議題的思考。

總之，這是一本有淚水、血汗，但又具堅毅、強韌、愛心、信仰培力與實踐內涵的好書。

陳亮全（台灣大學建築與城鄉研究所兼任教授）

歐蜜·偉浪幼時到青年的回憶，映照出20世紀末台灣快速前進、風起雲湧的重大歷史事件。青年時期立志跟隨耶穌基督，以行動愛鄰人、渴求公義和平，遇到種種磨難，從未改變心志。每篇文章都非常感人。

王昭文（台灣歷史研究者、台灣基督長老教會歷史委員會主委）

閱讀歐蜜·偉浪的人生故事，可以清楚地看到他信德的深化，和他的政治啓蒙，是同步發展的。這使他不同於一般的牧者，他的信仰有介入世俗的幅度；也使他不同於一般的社會運動者，他的政治實踐少了許多算計。而這兩者都有一個共同的焦點，就是對原住民的愛與責任感。

孫大川（台大、政大台文所兼任副教授）

歐蜜·偉浪，是泰雅族原住民，也是長老教會的牧師。他前半生奮鬥的歷程，與眾不同。2009年我專訪他時，他的故事，一個接著一個，非常精彩。現在，他自己寫書，你更不應該錯過！

邱斐顯（《想爲台灣做一件事》作者）

歐蜜牧師的自傳，我是迫不及待往下看的。

他的書寫讓我暗自慚愧，原來牧師靦腆的笑容背後，有這麼多揪心的故事。原來他的信仰，是這麼多的苦難和自省淬煉出來的。

我希望書中的文章能被收錄於教科書，讓台灣每個孩子都有機會被它感動，得到啓發。

馮賢賢（資深媒體人，前公視總經理）

每個人的生命史都是該時代的縮影，乘載某個時間與空間的故事。幼時遭受歧視而逃學、迷失自我認同的撞牆期，透過信仰重拾對生命的熱情；歐蜜偉浪的文字使我們看見在台灣歷史的脈動中，泰雅族人乃至所有原住民族可能的生命遭遇，也透過他面對逆境的堅毅與自省，讓每個讀者都獲得溫暖、感動與力量。

林昶佐（立法委員）

歐蜜的成長歷程，恰恰好就是台灣經濟奇蹟發展時期。政府殖民，社會歧視，經濟剝削，歐蜜說出了每個原住民共有的記憶與經歷。衷心佩服的是，從大學時期相識以來，歐蜜從未放棄改革志業，從未停歇協助族人。他將生命中遇到的惡與善，都轉換成服務與改革的行動力。我總是想：這個社會有越多的歐蜜，台灣將會變得更美好。

邱毓斌（國立屏東大學社會發展學系主任）

目錄

前言：編織與家園

這本書的緣起，是兩位作者之間有關個人成長經歷以及家園的對話。一開始是歐蜜・偉浪牧師在臉書上寫起了一些少時的回憶。他原是隨筆而寫，並沒有成書的計畫。林益仁老師為了鼓勵他寫下去，許諾歐蜜寫一篇，他便會回應一篇。這兩位好友，成長環境極為不同，但有共同的基督長老教會信仰，和對台灣生態環境、原住民文化的深刻情感。他們的對話之中，經常出現的一個主題是「家園」。

什麼是家園？

在談論這個問題之前，或許我們應該先探討，泰雅族對「人」的觀點。 泰雅族語中有一個字叫「Tninun」，具有雙重的意義。這個字的意思既是「編織」，同時也是「靈魂」。何以靈魂與編織會是同一個字？倘若我們願意去想像，便會觸及到泰雅族的生命觀。在泰雅族的觀念中，靈魂是生命氣息的編織。人的靈魂並不是一生下來就不變的，而是在我們活著的每一天中，藉由我們的作為，善或惡的選擇，以氣息持續編織出來的。靈魂是如此，生命也是如此。只要活著的一天，就有更多的元素，更多的色彩、圖案被編織進來。泰雅族也認爲，編織不是由一個人完成的事，而是與神一同進行。良善的人會織出美麗的布匹，但這個美麗不是爲了與他人相比較。如果眞要比，只與天上的彩虹比。

在泰雅族的生命觀裡，「我」不是一個身分證號碼，不是一張名片上的顯赫頭銜，也不是一個網路上的ID和它吸引的流量。「我」，是我的生命氣息的編織。每一個「我」，每一個生命的編織都不同。

在編織中，來到編織者手上的每一條線都是獨立的、有功能的。編織者將它們納進來，成就一幅美麗的布匹。就像在我們的生命中，也會遇見各種各樣的人事物，當中有我們喜愛的，也有我們抗拒的、不願主動選擇或邀請的，有的甚至令我們痛苦不堪。但是生命並不是架空地發生，我們的靈魂也不是發生在抽象的環境裡。我們會以怎樣的生命氣息穿梭這些絲線，去織造我們的靈魂呢？那些曾經的苦痛，又會以怎樣的方式，融合到我們的生命之中，甚至成爲獨特的圖案呢？

靈魂，生命，編織，都是一種「合一」。

背後的意義，也就是「成爲眞正的人」。

在這本書中，當閱讀到歐蜜．偉浪牧師的故事，你一定會在其中感受到林益仁老師所說的「深層的社會苦痛」。身爲住在山區的牧師之子，成長過程中，被貧窮與剝奪感所困擾，在平地社會被歧視、被欺騙，到慢慢地意識到，這不是個人的問題，那苦痛是許多原住民之間的經歷、是社會的結構，而開始覺醒，參與了台灣解嚴前後風起雲湧的社會運動。這段歐蜜・偉浪的個人生命史，是一段重要的台灣史。林益仁老師的回應，也讓我們看到同時代的另一面。兩位的生命在不同的環境中共時發展，之後在對生態與原住民文化的共同關懷中相遇。

認識社會的苦痛，認識就在身邊、但生命經驗截然不同的人們的經歷，而能與彼此同情共感，是我們重新認識家園的開始，是家園建構的一部分。歐蜜・偉浪在成長過程中，一路遭遇著來自更主流社會的否定力量，否定他、否定他的文化，想要以「同化」來泯滅差異。那時的主流社會，眼中所看到的「家園」定義太過狹小，看不到身邊還有更多的家人。

但是，就像靈魂與生命是編織，家園也是編織。爲了讓這個地方成爲我們的家，我們也要有意識地，主動去編織這個家園，擴大它的定義。我們必須認識這些社會苦痛，認識過去陳舊狹隘的家園觀沒能尊重、不懂得編織進來的絲線。這些重新的認識，會讓我們看到，彼此之間一直存在著無形的連結。由此出發，我們可以繼續編織家園。這是一種把共同體中每個不同的人、多元的文化相互連結在一起，三度空間的編織。

家園是「合一」，不是「同一」。我們不必都是相同的，但是我們可以合一，共同編織一個家園。

有了這樣重新的認識，將我們在這個島嶼上作爲一個共同體，編織成緊密的布匹，才是台灣主體性堅實的基礎。台灣的主體性之中，有原住民的歷史文化與生命經驗。這樣的台灣主體性，將深入島嶼的肌理——那是一種生命的氣息。

卡拉部落，過去稱為 lbaw 的地方，後來因戈大弓火為對面卡拉部落因為基地嚴重滑動，遷到原來稱 lbaw 的地方,改其地為卡拉部落。這部落也是歐蜜・偉浪的故鄉（攝影：黃謙賢）

part 1

我的青澀年代

1
母親

對母親最深刻的記憶，是在大約我五歲，小妹三歲，小弟一歲多的時候，母親大清早在窄小的廚房裡為我們準備早餐。昏暗的清晨，母親在簡陋的竹造廚房內忙碌著。熊熊烈火及濃湮四起的矮小竹造廚房，與母親幽暗的臉龐形成強烈對比。簡單的大鍋菜配上切塊地瓜與少量白飯，這就是我童年成長時的主要食物。

母親面對七個年幼孩子們的養育，除了超凡的毅力與耐心之外，更需要來自上帝的智慧指引，如何應對極度匱乏之下的生活基本需求。比如說：母親對外界捐贈的二手衣褲，從來不會浪費，總是珍惜地收藏在木製大箱子內。若孩子們的衣褲有

了破損，她便拿起針線，剪一塊顏色相近的布料，將破損的部位縫補起來。因爲我們兄弟太頑皮過動，衣褲經常破損，而母親收存的恩典二手衣料又很有限，於是有時配色便會很突兀。比方說我的卡其色學生褲破了，卻配上僅有的紅色布料，害我在學校被同學嘲笑：「歐蜜，猴子屁股紅又紅！」當時我對窮困的家境，和無法爲我購買新褲子的母親，感到憤慨與羞恥。

清晨吃完早餐後，母親將小鋤頭及藤製背簍備好，籃中放著她親手織的麻布，將小妹Mesyang放入其中，又用另一條手織布把么弟Temu環抱於胸前。我尾隨右側，抓著母親溫暖的手，在清晨微風中，以我的小步伐一步步登上海拔六百公尺的農地。西西列克（Ssiliq ，泰雅族稱占卜鳥）悅耳的叫聲，沿途山崖亭立著幾株百合花，如同穿戴一身潔白無邪的婚紗，步道兩旁蔓草迎風搖曳著。

在那一片園地裡，母親種了許多農作物，有甘蔗、芋頭、甘藷、木藷、落花生、黑豆、南瓜、青菜等等。

一到那田園，我會在母親挖的小平階上玩耍，追蝴蝶、抓毛毛蟲分食螞蟻、在肥沃的土壤中挖小洞或堆起小土堆……。通常不到一小時，我全身及臉龐就變得像是忙碌了一整天的煤礦工人。

母親將布匹兩端綁在枇杷樹頭兩側的平行枝幹上，變成像香蕉船般，把嬰兒小弟放進去。小妹則被放置在母親用樹枝圍成的小籬笆裡，籬笆圈中又放入許多乾鬆的草。母親吩咐我照顧小妹。並且如果小弟哭泣，她要我隨時去推動枇杷樹上的香蕉船。

母親上工的模樣及裝扮，上上下下都是國外慈善救助的衣物，三層大中小不一的內外衣，大紅裙子配全黑耐龍褲子……。

在四、五十度的坡地上，母親嫻熟的手快速拔除農作物周圍的雜草。母親總會在離我們不遠處生起火堆，一來可驅除蚊蟲，二來可以烤地瓜做爲中餐主食。接下來的大半時間，母親便在艷陽下揮汗賣力栽種、拔草及翻土。

偶爾弟妹大肆哭鬧，而我又自己玩得太盡情，忽略了照顧他們，母親便快速跑來，將兩位寶貝抱在懷中餵食母奶。有時母親將弟妹一左一右環抱，豐富的乳汁交替吸吮在貪食的弟妹嘴中。辛勤的母親，生活再苦再累，也不會顯出倦怠或不耐煩之情。

正午時分，母親從火堆旁拿出已經熟透、香噴噴的地瓜，饑腸轆轆的我早已等不及便在母親身邊以高分貝的哭喊催促媽媽快點。母親望著我，用那雙滿是厚繭的姆指與食指，從自己嘴中取出咬碎又適溫的地瓜，熟練地抓起塞進我這張貪食的大嘴中。她以慈祥的口氣邊餵邊說：Hobang, hway cikay maniq, laxiy ngilis la, leqay misu manga na Yaya.（

泰雅語：小胖，慢慢吃，不要再哭了，讓媽媽好好地餵飽你。）

偶爾，母親會不經意伸出手來，往我鼻子邊輕輕擦去流了半天已和著污泥凝固的鼻涕，時而哄著胸前正吸食母奶的小么弟。當母親忙著餵我們時，她會習慣地從頭上脫下頭巾，緊緊地將頭巾繫在腰間。這動作小時候常看到，但都覺得沒什麼特別。

長大後，在一次與母親閒聊時不經意地想到這一幕，便問母親，為何小時候餵我們吃東西時，總會用頭巾緊繫著腰部？母親輕描淡寫地回應：「每到中午餵你們的時候，因為上午媽媽工作勞累，肚子又餓，當看到你們三個孩子，自己忍著挨餓，一心只想要先餵飽你們，但是媽媽肚子極餓呀！沒辦法只好用頭巾綁緊饑餓的肚子，好減輕饑餓的感覺。」

三十年後，遲來的「瞭解」，聽來依然震撼心田，久久難以忘懷……。每逢一年一度的母親節臨到，總是誠心地以這篇短文陳述心境，紀念並呈獻給我親愛、摯愛、心愛的母親——Upah Rimuy（烏帕．莉穆依）心裡的話：「Aya——kwara yabux su, snyan su krahu na inlahang kuzing ga, iyat pgzyaw anaqutux aring inlungan maku. ana knwan krryah,——Mhway su Aya.（母親——妳對我辛勞照顧無私的愛，在我心中永遠不會消褪，銘記在心，母親感謝您！）」

2
國中：從部落到基隆

藉聯考脫離貧困勞動的夢想

高中聯考對一位貧窮家庭長大的孩子而言，是一個極大的夢想及挑戰。部落少數公務人員家庭的孩子，從國小寒暑假開始，就會被送到都會區補習班加強各科目的實力，以求國中畢業後能順利考上公立高中，未來繼續完成大學學業，再圖個公務人員職務，捧個鐵飯碗再成家。這就是當時我們成長年代所謂的「成功的人生途徑」。

國中我就讀桃園縣復興鄉介壽國中，三年求學過程從沒認眞讀書。從小學到國中，只要寒暑假甚或是週末，父親必定強制要我跟家人到果園從事各種農務工作。爲了逃避這種苦日子，國中第三年我決定選擇投考省立基隆高中獨立聯招，心想離家鄉越遠越好。

爲了改變自己的「命運」，我在國中第三年才開始全力衝刺。兩百多名來自偏鄉部落的學生們，全住在學校簡易的

介壽國中現況，自2021年8月起併入羅浮高中國中部（攝影：黃謙賢）

宿舍。舍監老師是一位嚴格又有愛心的外省籍年老教師——羅威郎老師。羅老師年事已高，但依然是孤家寡人，未曾有成家的念頭，將生活重心投注在我們這一群偏鄉部落學生身上。平時羅老師對我們這群專事調皮搗蛋、不成材學生的口頭禪是：「廢物」及「一群窩囊廢的鬼東西」。雖是如此，當夜深人靜，不論是悶熱的夏季或寒冷的冬季，羅老師會特別疼愛這群他所擔心的「不成材」學生們，總是在巡房時幫我們蓋好被子。碰到經濟較差的學生沒錢購買替換破損的鞋子或衣服時，羅老師總是從私人腰包資助學生添換新衣新鞋。每逢週末學生要回山上老家，來回車錢不夠的時候，羅老師也都會私下默默協助，我就被羅老師資助過好幾回。想到羅老師，我打從心裡深深向他致上無限的感謝與思念。

談到羅老師這一位單身又年長的外省老師，便會想到，從小在我成長的比亞外部落附近，有好幾位部落熟悉的外省籍單身老伯伯。鄰近的小聚落Kgiran（榮華），有一位年約七旬的外省老兵，身材矮小單薄，全部落都叫他老巫。老巫寄居在台七線33K路旁，以簡易木板拼合而成的小屋中。部落族人每當有菜或肉類，都會分享給這位可憐的退伍老兵巫伯伯。我父親也常帶著我，將母親栽種的蔬菜及山產送給巫伯伯。看著破舊的小矮房及老邁的巫伯伯，我小小的心靈不由得燃起淡淡的哀傷，不知道他為什麼一個人在那裡生活。

長大後才了解，在台灣的北、中及南橫各路段，有不少獨居的外省伯伯，也有不少與在地部落失婚的阿姨們成婚組成家庭。在高義部落有賣饅頭的老段，娶了一位幾乎眼盲的阿姨。老段的黑糖饅頭是我們這群孩子嘴饞時的目標。在巴崚國小，有校工老魏，他總是在走廊曬臘肉。還有一位老伯伯在部落一段距離外，在山洞口離群索居，他會從高坡國小帶廚餘回家，餵養流浪狗，但過一陣子我們總會發現狗消失了，再過一陣子又養出一群狗。人們猜測他是把狗賣給市區的香肉館賺錢。這位伯伯與部落的人較少來往，後來孤獨死去。

對於這些與我們說著不同語言、來自不同地方的人，部落的觀念並不會排除他們，而是將他們納入互動。對老巫這樣生活較困難的人，父親會帶著我，拿食物去與他分享。即使我們自己並不富裕有餘，經常餓肚子，穿著縫縫補補的衣服，但還是會那樣做。對我們而言，這些都在我們的文化當中。有人生活在我們的流域、出現我們附近的環境裡，我們便會很自然地，對他採取生命對生命的互動。只要你在，我們就接納。

羅老師做事很有原則，要我們養成規律生活的習慣。學生宿舍一到晚上十點，準時熄燈睡覺。但我知道自己已經白白浪費了兩年寶貴時光，爲了爭取更多學習及備考時間，我走到復興台地街坊店家購買小型電筒。每逢夜晚同學們熟睡的時候，我便將藏好的書本及小電筒拿出來，躲在棉被裡，把小電筒打開含在嘴中，雙手緊握課本認真閱讀和預備試題。悶熱的被窩裡充滿汗水的氣味，直到受不了時才緩慢掀

長師的們我

左上： 母校介壽國中當年全校老師合影
左下：介壽國中的操場與校舍
右：上下學美麗的山路

開被子，向外深深呼吸新鮮空氣，平撫心境之後再繼續。

初夏鳳凰花開，代表到了驪歌初動的季節，此時學校充滿離情依依的愁緒，而我卻是一心想要盡早脫離貧窮、辛勤勞動的這個家，因此在畢業典禮那一天感覺平平淡淡，沒有太多難過或不捨的情緒。

歐蜜・偉浪的介壽國中畢業照

我們是介壽國中第九屆的學生，國三共有五個班，其中兩個班是升學班，另外三個班爲建教班。我在第二個升學班。第一個升學班有位同學，是當屆全校排名第一，也是當年桃園聯招的榜首，他後來留德取得博士學位，現在在中研院服務。而第一升學班的第二名，是一位來自小烏來的同學，全校只有他的成績經常可與那位第一名同學相比，一爭高下。但是這位同學就沒有那麼幸運了，他來自父親酗酒的家庭，雖然成績很好，但考慮到家中情況，他最終選擇不升學。很不幸地，他後來也步上父親的後塵，而開始酗酒。

畢業典禮後，許多同學爲了預備聯考，參加學校的「衝刺班」。而我呢？六、七月又是家裡水蜜桃採收最忙碌的時間，父親堅持我回山上協助家裡工作。要等到考試時間到，父親才准我下山應考。經歷日治時代教育的父親，有著強勢的性格，而我也順服父親的命令。父親的性格，有許多我要到後來才能理解，後面會再談到。

大考前夜，旅館的誘惑

到了應考的時間，我們六、七位同學約好提早前往基隆八堵旅館住宿，預備隔天的考試。我們在八堵火車站附近用完晚餐，我建議同學們立即回旅館預備應考科目，同學們也都支持我的想法。

進了旅館，房間是簡陋的草蓆大通舖，左右隔間用最普通的薄木板，與兩邊的房間隔離。我趴在草蓆上認真地看著模擬考題，也不知道過了多久，偌大的房間靜悄悄地，但卻從左右兩邊不時傳來怪怪的聲音。我再看幾位同學們，他們已經把書本及試題全丟在一邊，或站或趴地黏貼在左右兩旁的隔板上，大夥都屏氣凝神，畫面好像全體都定格了似的。

我拍拍另一位同學的肩膀，他嚇了一大跳，好像做了什麼壞事一樣。我問他M nanu nyux mamu ngayan？（泰雅語：M你們在看什麼？），這位同部落的同學面有難色，神情略顯尷尬，緊張地用手指著隔板，示意要我自己過去看。隔板有許多用泡泡糖或是衛生紙塞住大小不一的洞口，我選擇剛才同學注視的位置，定睛一看，緊張到幾乎讓我停止呼吸。眼前是我從來沒見過的場景，一對赤裸男女在做大人的事。

我的父親是牧師，我是第二代基督徒，我從小被教導要過聖潔的生活，而今活生生地展現在眼前的這一幕，莫名地令我由內心產生一種極大的罪惡感，我不斷地斥責著自己。但說也奇怪，青澀年歲的血氣卻產生另一種莫名其妙的渴望，催逼著自己再去看，無所謂、反正大家都在看　。

就這樣，在內心反覆拉扯、不斷地掙扎與膠著中，最後我硬著頭皮以明天考試爲由來說服自己，讓自己定下心來看書。其他同學時而休息，時而喘口氣後再繼續兩邊交換「欣賞」。我明明有一股衝動也想參與他們，但內心有太多的「包袱」，只好壓抑著巨大起伏不定的心情。偶爾想要放棄，終究因爲父親是位牧師，自己又是基督徒而作罷。反正要睡也睡不著，於是一直看書到凌晨，累了自然睡著爲止。有的同學很堅強，比我還晚睡。後來我才知道，原來當時八堵火車站斜對面，一整條旅館都是從事色情行業。因爲離基隆港很近，各國的船員靠港時，方便就近消費。

等到聯考放榜揭曉，我們這一群介壽國中應屆參加基隆高中獨立招生的考生，居然只有我一個人考上，其他同學都落榜了。其實，落榜的同學們在學校考試成績都很優異，全都在我之上，怎麼可能只有我一個人考上呢？現在回想，我唯一能想到的理由是，他們還沒考試就先自動放棄了。

3

高中：成了同學口中的「番仔」

偏鄉與城市的落差

順利考進省立基隆高級中學，在我的部落引起小小的震撼。家父被部落族人輪番稱讚。他老人家總認爲孩子並沒什麼了不起的表現，待族人們走開後，父親嘴角才露出少有且不太明顯的滿足笑容。

父親從小到大，很少在衆人面前稱讚子女。若我們與鄰家小孩吵架，就算是別人家孩子先無理取鬧，父親也總是先向對方家長道歉，並且嚴厲斥責我們。有時事情鬧得比較兇，父親還會當著別人家長面前先責打我們，然後再向對方道歉！這種不分是非的教育方式，使得我從小就對父親產生無比的討厭與仇恨。或許因爲如此，我才會覺得即使遠赴基隆就讀，也要脫離這個辛勞又無理的家。

然而，高中生活卻跟我的想像落差很大。由於我的學科基礎不夠好，英數理化讓我備感吃力。記得開學第一週上英文課時，老師直接發一篇長篇的英文文章給我們，每一段輪流讓學生朗誦，並說明內容談什麼。當輪到我時，我緊張到雙腿顫抖，嘴巴吞吞吐吐發出莫名奇妙不知所云的聲音。老師與同學們聽了哄堂大笑，我羞澀又脆弱的心靈受到嚴重的傷害。

在班上，我是唯一的原住民學生（當時稱我爲山地生）。從此之後，班上好多同學把我當成笑話取鬧的對象。特別讓我難以接受的是，同學會在背後或直接在我面前叫我「番仔」。一開始我不以爲意，久了之後才從一位班上混混同學口中知道「番仔」是什麼意思。

加入小混混幫

一顆年少又孤獨的心靈，在百般屈辱與被數落中勉強度過每一天。或許是成長於貧困環境的孩子有著不屈服的性格，我決定加入班上出了名的「混混同學」這一幫。原來這名同學的父親是基隆廟口的黑道，而且也混出了一點名堂，因此全班同學都「尊（害）敬（怕）」他。經過多次「交手」，我被這名同學接納了。從此在班上自然挺著胸膛，抬起頭來與同學們講話。同學們再也不敢對我嘲弄與不敬。

要當個混混學生的基本態度，就是要三句不離「三字經」，才能讓人懼怕！我們這一幫五、六名混混學生最喜歡的活動，就是在放學時快速移動到基隆市區與學校斜對面礦工醫院道路會合處旁，等待基隆女中的同學們經過我們面前。

我們會吹口哨、扮小丑以及拿出我們的看家本領——甩高中帽子戲碼。我們混混幫的學生老大見到他心儀的對象出現時，就會大聲呼喊：「脫帽！」我們整齊列隊，將高中帽子用五指敬禮的方式觸碰帽簷，再讓帽子隨著手掌翻轉兩圈後停格在腰間，我們老大再大聲呼喊一聲：「復帽」，我們快速又整齊地照剛才方式反方向將帽子轉動到帶回頭上復帽。這一招當然是每堂下課時間，我們在走廊一起預習操練的成果。接下來，我們端視每一位走過的女同學，有的朝我們嫣然一笑，有的眼神不屑，也有較開放的女同學跟我們搭訕揮手。對我而言，女同學們對我們淺淺一笑的畫面，就足以讓我心跳一百了。

基隆不是我的家

日子過得很快，但因爲學校沒有校舍可以住宿，我仍然住在那家偷偷兼做色情行業的旅館。好心的中年老闆娘讓我以廉價的租金，暫住在她們家裡的一個小房間。但是我的個性不喜歡麻煩人家，後來，有兩位就讀五堵車站附近慈航中學（1990年更改校名爲崇義高級中學）的原鄉學長知道了我的困境，建議我到他們學校宿舍住。他們說，慈航中學的學生宿舍沒多少學生住，有好多空的床位，不差我一個啦！兩位部落大哥已經在該校就讀第三年了。當時我聽到同鄉用泰雅語對我說話，他們如此貼心照應，我內心感到無比安慰與喜樂。

當天傍晚我便與旅館阿姨道別，致上誠心的謝意，一個人拎著行李往慈航中學去找兩位部落兄長。好不容易走到了學生宿舍，也找到部落兄長們，他們熱心地為我安排靠近他們的床位。我打從心裡感謝他們對我的幫忙。

在慈航中學住了第四天的一個清早，我穿著基隆高中學生制服，經過慈航的大門，忽然，一位操外省口音的教官出聲叫住我。

教官說：「我注意你幾天了，你哪個學校的？來我們學校幹什麼？」我畢恭畢敬地回答說：「我來看我的表哥，我表哥答應我跟他們一起住！」話還沒說完，這名教官地大聲地斥責我：「我他奶奶的熊（留在我記憶中的這口音，太清晰了，但不知是哪一省的腔調）！你這小毛頭，小鬼懂不懂規矩呀？回去！到宿舍拿你的東西，馬上給我滾出我們慈航中學……」

教官惡狠狠地看著我，看到我還楞在那裡不動，又以極高分貝的口語大聲斥責我說：「還不給我快滾！」我的心靈還沒搞清楚狀況，雙腳卻不由自主地快速朝宿舍跑去，帶著行李離開慈航中學校園。當走出慈航中學正門那一刻，我的雙頰早已佈滿了淚水。

佇立在校門口大馬路旁良久，凝望著基隆河不遠處，河流緩緩流向大海，我心如同一葉破碎小扁舟，搖搖晃晃漂向無垠的大海，方向是朝東朝西、還是朝南朝北，早已不知去向。不聽使喚的淚水再次迷濛了我的雙眼。

基隆高中校門口附近將近百年的亞歷山大椰子樹，
見證了基隆高中的校史（攝影：本社編輯）

4
貨運車上的勞力「那卡西」

何處棲身？

佇立在慈航中學校門口大馬路旁良久，一種來自內心最深處，既微弱但好熟悉的聲音告訴自己：「離開這裡，這裡不屬於你，離開這原本夢想的地方。」

我相信，這是我在當下心裡眞實的聲音。問題是接下來何去何從？

曾經我以爲來到平地城市，可以逃離和父親在山上務農的苦事，不必和性格嚴肅的父親相處。沒想到平地城市、高中生活和我想的完全不一樣。在部落裡，族人之間都會互相照顧，我完全沒想到來到城市會被同學嘲笑，更沒想到，走進另一所高中竟會遭到那麼兇惡的辱罵。也曾閃過念頭，想說服自己回山上與父親務農。可是我剛烈的個性，不容許自己回到父親莫明的壓力下生活。我不斷在焦慮之中，試圖平息忐忑不安的心靈。另一個聲音告訴自己，如果能找到在山下工作的族人，暫時依靠他們，順便尋找適當的工作，應該是個好想法。

這時，腦中突然閃過鄰近部落一位名叫Yubay Mangu（陳大哥）的兄長，曾經給我他在鶯歌工作的聯絡電話，我立即從簡易行李箱內找出小小的電話簿，很快翻到了Yubay兄長的電話號碼。

我從五堵火車站公共電話打到這家貨運公司，接電話的是一名中年婦女，用混雜著台語極不流利的華語回答我說：「小陳這幾天離開公司，回山上工作了。」中年婦女的回話像一大桶冰水倒到我全身，我無奈到手持電話不時顫抖。此時中年婦女問我：「找小陳有什麼急事嗎？」我深呼吸一口氣，勇敢地回她說：「我想找工作。」

我話還沒說完，這名中年婦女爽快地要我過去替補部落兄長的職缺。在這麼短的時間內順利找到工作，真是出乎我意料之外。當場就在火車站，找一個大垃圾桶，把基隆高中的書本、書包，外加制服全部丟進去。又買了張南下的火車票，按號碼找到座位，閉上雙眼，沈浸在火車窗外「哐噹、哐噹」、「呼嚕嚕嚕嚕」鐵軌與列車接觸發出來的聲音，好像在呼應我內心的歡喜與解脫。

來到鶯歌

老闆娘親自到鶯歌火車站接我，簡單、爽朗、豪邁又有江湖的熱情，一看到我便叫我「小游上車」，讓我有一種被接納的感覺。老闆娘騎著50cc輕型三洋無檔摩托車，載著我和簡單的行李穿梭鶯歌街上。抵達公司（老闆家）的第一個印象是看到偌大的「林長壽紀念圖書館」，圖書館斜對面大馬路銜接斜坡小街處就是老闆的家。

老闆娘是位善良又多話的中年婦女，一下子就分享了她個人的成長背景，說自己從小沒讀什麼書，小學一年級就輟學在家，協助母親照顧更小的弟妹以及打理家中許多雜事。或許老闆娘知道我也是山區貧窮人家的孩子，所以想藉由自身經歷鼓勵我吧！

當時，我還沒有回復傳統姓名，我的中文姓名叫游榮望，老闆娘都叫我小游。這家貨運行，其實是老闆娘先生提供一部老式帶有車頭的大卡車，與一位拜把兄弟名下兩輛類似大卡車組成的「中華貨運有限公司」。我們這家的大貨車司機由老闆古長江先生負責，旗下有兩名搬運工，一位是已在公司幫忙約兩年的排灣族青年，我們都叫他小黑，另一位就是離開沒多久的泰雅族兄長，由我替補他的位置。

我們公司沒有辦公室，小小的看板掛在老闆老舊房子的屋簷下沿處。熱心的老闆娘快速安頓好我住的小房間。我和另一位跟車助手小黑吃完中餐，稍作休息後，就被告知說，下午要到某磁磚廠上貨，送往花蓮。

跟車助手「那卡西」

當時沒有起重機，大部分貨物裝上車及卸貨都靠人力搬運。我們這群跟車助手被叫做「那卡西」。稍長後才了解，「那卡西」日文原意爲「像水流動的行業」，泛指走唱維生的歌手、樂手及其音樂演出。我們這班跟車伕，車子到那裡我們便隨車睡到那裡，因此叫我們「那卡西」吧！我們的公司主要從北部裝載各類磁磚，運往花蓮，再從花蓮搬運大理石片回北部。

悶熱的午后，小黑與我跟著老闆將一輛十幾噸舊型有車頭的大貨車駛進一家陶瓷廠，古老闆熟練地將車子側面接近一箱箱排好的磁磚區。因爲老闆要開長途車，所以先到車內休息，接下來就要看我與小黑的功夫了。小黑這一位排灣族人當場立即脫掉短襯衫，他的身高不怎麼高，但胸部及雙肩很厚實。他話不多，只教我跟著他做就對了。

小黑先將背靠近約五箱包裝好的磁磚，左右手往最底層一箱的底部抓緊，背及肩膀實貼在層疊箱子上，頭往後頂住高過頭部的最後一箱，身子緩慢往上抬高後，再將全身子稍微往前傾斜一點，全身與沈重的五箱磁磚形成一體後，緩步把貨物抬到大貨車上。我照著小黑的示範，也抬五箱磁磚。但是因爲太重而且方法不對，最上面的第五箱直接掉落到地上，差點砸到我的腳。古長江老闆看到了（老闆雖然在休息，可能不放心我這新人，就從車座觀察我），瞬間快速跑過來幫我頂住其它箱子，避免再往下掉。我想到掉的這一箱必然產生龜裂，成了不良品，我們公司要負賠償之責。老闆看我緊張的樣子，用台語告訴我說：「小游莫緊張啦！無要緊！沓沓仔來就好！」這是小黑跑過來給我翻譯的。就此我乖乖地扛了三箱。等到扛了幾趟慢慢熟悉後，因爲不服輸的心，又自己增加一箱，四箱一起扛。

頭一次做這麼吃重的工作，搬完後一坐上副駕駛座便呼呼大睡。不知多少時刻，小黑叫醒我說：「小游起來，我們要搭船了。」我睡眼惺忪以爲還在作夢，怎麼可能坐著大卡車又要坐船？這怎麼可能？

耐不住小黑的催促，我清醒過來，感覺整個大貨車不時微微地搖晃著。我從車座下來，看到在一個室內巨大的停車場裡，好幾台同款載滿各種貨物的大卡車整齊並排，對面還有好多輛遊覽車並列。只是困擾我的是：「爲什麼下了車，搖晃的感覺越來越強烈呢？」

太平洋上的巴山少年

我尾隨古老闆及小黑，來到另一個艙房。好多貨車司機及助手們，有的睡覺，有的圍著小圈圈在打四色牌，押著錢或是一包包的新樂園香煙當賭注。室內濃煙加上酒味、汗臭，以及垃圾桶裡噁心嘔吐的穢物，整個室內形成一種難以言喻又令人窒息的空間。

從小黑口中我才了解，大型車輛都要在蘇澳過磅。若是超重，就不能通過蘇花公路，只能走海運。花蓮輪除了上層設計用來招攬觀光遊客外，船艙底層則載運大型車輛。我們這些跟車助手及司機就睡在最廉價、船艙最底層的休息室。

瞭解狀況後，一來爲了透透氣離開那令人窒息的休息室，二來個人好奇使然，便私自一人由船艙底層往上參觀。走到上層船板，看到頭等艙的豪華吧台，以及臨窗設計的典雅咖啡座位，每一位穿梭我面前的觀光客都穿戴著光鮮亮麗的衣服，相比之下，自己是一身汗水與灰塵堆疊污漬的舊襯衫，不自覺就快速離開那地方。好不容易走到最上層的甲板上，好多男女情侶或坐或站，相互依偎著。而我這位來自偏遠山區的孩子，一生中頭一次搭上船。那種意外的慶幸與滿足，安慰了我這幾天內心所受的創傷。

傍晚時分，看著蘇澳港點點燈火漸漸消失在幽暗的海平面。久久時刻，那一對對情侶因夜晚海面陣陣涼風，離開了甲板，或許回到休息處或是咖啡雅座，續談著未完的甜言蜜語。仍然留在甲板上的情侶，緊緊地互相擁抱著。

我呢？眼目從蘇澳港消失的點點燈火，轉向仰望廣闊無垠明亮的繁星，有種似曾相似的感覺。我思忖著，過往山區的歲月，曾與父親上山狩獵，夜宿在B'bu R'ra（拉拉山）至高點上，那時的星星明亮又大顆，彷彿垂手可得，我的心裡大大的興奮且喜樂。當時我還是國小五年級，沒想到五年後，獨自在太平洋甲板上的巴山少年再沒有那份衝動與喜悅，換來的卻是陣陣涼風侵襲全身的思鄉之情。

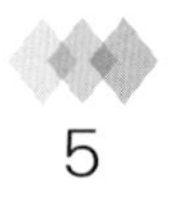

5
夜行蘇花公路

疾行貨車上的星空

在中華貨運公司上班五個月後，我已經完全適應這裡的環境與生活的節奏。不知不覺中，我的外在形象明顯改變，蓄長髮、嚼檳榔、嘴裡叼著煙，內衣下肩膀上總是放著一包新樂園香煙，雙腳穿藍白拖鞋，走在街頭左搖右晃，口裡還不時嚼著檳榔隨意吐紅汁。在吞雲吐霧之間，微風撩撥我的長髮，覆蓋了我的臉，用雙手撥開時不小心撞上了一名路人甲，怒目直視對方，大聲地用台語向對方飆罵「三字經」，自以為是街頭小霸王。

老闆娘為了公司記帳及整理資料，請求我教她注音符號及簡易的中文習作。基於老闆娘對我與小黑很照顧，我也盡力幫老闆娘識字，老闆娘告訴我，她去家附近的小學上夜補校，我打從心底佩服老闆娘勤奮學習的心志。

通常我們在下午裝完貨，稍作休息之後，就會利用夜間行駛，長途開車。一來避開白天車潮，二來大卡車內沒有冷氣，只有一個老舊的小風扇裝置在司機座前。白天開車室內炎熱，晚上開車就較涼爽許多。古老闆有一個習慣，就是開車前總是要喝瓶紅標米酒，但我與小黑從來不擔心會出什麼事。

當夜深人靜，萬籟俱寂之時，我們這一台老舊大卡車奔馳在蜿蜒的蘇花公路上。若天氣好，我都會爬上覆蓋大帆布的後大車板。我喜歡看著佈滿繁星的夜空，陣陣來自太平洋的夜風，加上卡車快速行駛形成強烈的氣流，我將身體依附在車頭與大車板之間凸出的鐵板後，可以擋住強風，找到一個開放又安穩的私人空間，有一種難以形容的幸福感。

「小游，吃紅！」

由鶯歌發車前，老闆娘頭一次拉著我的手，塞了幾張百元紙鈔給我，我納悶地看著她，老闆娘用食指堵嘴示意我不要講出去，輕聲地向我說：「小游，到了花蓮幫我看著老闆有沒有去找女人（嫖妓）還是賭博，如果有回來告訴我！」不標準的中文加上台語，不需要小黑來解釋我就充分了解，我點頭同意。

我們抵達花蓮已過了午夜時分，老闆固定將車子停放在北濱公園大馬路旁。這幾個月來，我已經了解老闆到花蓮不但會賭博，還會找女人尋樂，而小黑就是他的小跟班，我則留在車內顧好車子及貨物。

凌晨時分的花蓮北濱公園分外寧靜，柔和的浪潮輕拂岸邊細沙，發出溫柔的呢喃。由於路途中與老闆及小黑一起喝酒小酌，我的精神依然抖擻，翻開駕駛座前預先放好的幾本書，點燃兩隻蠟燭，就開始我最喜歡的閱讀時間。

放置在車座置物箱內約五、六本書如：《讀者文摘》、席慕容《無怨的青春》、鍾理和《貧賤夫妻》、《西遊記》及民間故事等。我隨性閱讀任何雜文，若看不完就留起來之後再接著讀，藉以消磨時間。半年下來，車座前滿是固結的蠟油。清早，老闆及小黑一身倦容地爬上車箱，老闆塞五百元給我說：「小游吃紅。」食指放在嘴前，示意我不要告訴老闆娘。那態度帶有權威與請求，我也就不好拒絕。當下兩邊拿錢，心裡雖然有些罪惡感，但經歷無數個日子被環境消磨，把這些錢拿去購買煙酒、檳榔也是大快人心。

在妹妹眼中看到自己

卸完從鶯歌運來的貨，吃完中餐稍作休息，便到新城鄉北埔村一家大理石廠搬大理石片。大約是我身高一點五倍的大理石片，四到五片一組，用特製布條懸掛到機器上，再被移動到我們的大卡車上方，固定位置後，吊掛機器慢慢放下，解開布條，我與小黑從兩邊用厚實木條把大理石片逐片地往前移動，使之完全密合才安全。

在反覆工作中，我看到大理石廠旁有著一大片青翠草地，正中央矗立著石造的教堂，這麼熟悉的地方在腦海裡好像見過？我離開廠房走到小圍牆邊仔細地看，最後才想到，是家中的照片，這裡就是小妹美香就讀的學校「芥菜種會花蓮女子護理學校」。

我跟老闆說明，我的妹妹在這間學校就讀，向他借了五百元，加上口袋吃紅的五百元，我想把這總共一千元拿去給小妹美香。走到學校正大門，正是下課時間，我請幾位學生幫忙告知小妹美香有家人找她，過沒多久，廣播喇叭響起：「護理班二年級學生游美香同學大門有家人找您，請立即到會客室。」從不遠處，看著清純可愛的小妹美香在兩位同學陪伴下走過來，小妹一見到我，驚訝加羞怯的樣子完全表現在臉上，同學拉著小妹的手說：「美香，這位大叔是妳的什麼人？」小妹頭低低小小聲地說：「是——我的哥哥啦！」

小妹不管兩位同學，一個箭步抓著我的手往校園一棵灌木樹後方，氣極敗壞地說：「哥，你怎麼穿得這麼邋遢來學校啦！害我丟臉耶！」看看自己好幾天沒洗澡，隨意打結的長髮，穿著短褲及拖鞋——想想小妹的話，自己也覺得冒失又突兀。我向小妹說對不起，小妹也向我道歉，我把一千元拿給她，示意她趕快回去上課。小妹高興地轉身離開，而我則回到工作崗位完成裝貨的任務。

禮拜天是休息日，通常我會起得晚，之後到鶯歌街上亂逛。小黑通常都獨來獨往。一天傍晚，小黑一個人在一家飲食店喝酒吃飯，隔桌三位在地青年不時以挑釁的眼光看小黑，小黑經不起挑釁，「看！看！看三小！」一句話引來四個人大亂鬥。結果身體力壯的小黑一抵三，將對方打趴在地。回來後，小黑在我面前憤憤不平地講幹話，好像還打不過癮的樣子。過了幾週，那三名小混混找來更多的人追打小黑，情急之下，小黑騎野狼125逃跑，後來不幸自撞電桿受重傷。公司協助將小黑送回屏東家鄉休養，從此就再也沒見過這位好同事小黑了。

這件事發生後，老闆的拜把兄弟也被黑道砍了十多刀，住進醫院。到底是爲什麼，大人們的事我完全不明白，只是片片斷斷聽到什麼血鷹幫、十三鐵衛幫的稱號，等到我稍微拼湊各方信息後，才知道我們這公司跟前面所說的幫派有些關係。爲了保全自己生命，或者根本是我怕了吧，就編了個理由說家父要我回拉拉山管理水蜜桃。這一對善良的夫婦雖然再三挽留，但我堅持請辭。離開鶯歌鎭，再次投身家鄉的美麗與哀愁。

6
鹿港小鎮的童工

往下巴陵的路上

離開鶯歌，抵達大溪，立即轉往公路局總站，買了張往北橫後山終點站——下巴陵的車票，等待著一個半小時一班的公車。站前右側牆面前，蹲著一位紋了面的泰雅阿公，嘴裡叼著用桂竹根部自製的菸斗。他從特製小袋子裡掏出一片曬乾的煙草，拿在手上輕輕搓揉，再滿滿地塞進菸斗內。枯黃的手再從小袋子拿出火柴盒，熟練地取出一根火柴棒，劃過盒上黑色的磨砂，瞬間燃起小火光。菸斗隨著耆老側著臉而傾斜，以方便點燃煙草。耆老用力吸吮著初始被點燃的煙草，幾次吞吐之間，在耆老深深吸一大口之後，煙斗上整面煙草被完全燃燒成鮮紅的圓球狀。經過一口深層的吸取，紋面耆老吐出濃濃的煙霧覆蓋了他的面容。

公路總站有四排塑膠座位，每排可坐六個人。第一、二排有幾位白浪（泛指所有非原住民的人）坐著，但還是有一半沒坐滿。車站外仍有不少泰雅族人或站或蹲坐在路旁。另外，坐在第三、四排座位的，明顯看得出是部落族人。其中一位中年婦女正替襁褓中的嬰兒餵母乳，她的身旁放著麻製的布，圓滾滾地塞滿了東西，我猜想，可能是下山購買山區生活的必需品吧！

車站外有四、五位族人席地而坐，正中央放了二瓶紅標米酒，一包花生米，和用塑膠袋包好的豬頭皮之類的小菜，風趣的對話及開懷暢飲、佈滿了笑聲的場景，若閉著眼聆聽那氛圍，以為是盛大又熱鬧的午後野餐盛會。另一邊，有兩位部落青年人手持幸福牌黑色卡式收錄音機，正播放著羅大佑的《鹿港小鎮》。兩位原住民青年隨著羅大佑強烈壓抑的聲音和口齒不清的中文旋律左右擺動著：「假如你先生來自鹿港小鎮，請問你是否看見我的爹娘。我家就住在媽祖廟的後面，賣著香火的那家小雜貨店。……台北不是我的家，我的家鄉沒有霓虹燈。鹿港的清晨，鹿港的黃昏，徘徊在文明裡的人們。」此時，我的思緒也跟著悠悠漂浮到那既熟悉又陌生的——鹿港小鎮。

鹿港的家庭外銷加工業

巴陵國小畢業那一年，擔心未來進入國中就讀沒有生活費，為避免受到同學們的揶揄，便偷偷摸摸將父母親烤乾的一袋香菇帶到山下白浪店家換錢。當時，有來自中部的白浪叔叔開車到部落尋找童工，隨車已經跟著多位來自外縣偏鄉部落的小孩。我沒經過父母親同意，就跟著這位白浪叔叔下山工作賺錢。當時這位叔叔告訴我說：「到我們彰化鹿港工作很輕鬆，工廠提供免費的伙食與住宿，做滿一個月可以領很多的錢。」我聽了覺得頗吸引人，立即答應。

抵達鹿港老闆家時已經很晚了，白浪叔叔安排我們住宿的地方是一個大的空間，沒有床舖，空曠的地板用草蓆舖平，每個小朋友有一個小棉被及一個枕頭，這就是我們十幾位小朋友們睡覺及休息的地方。由於在山區部落生活，也經常會爲了釣魚或是到深山種香菇，找個靠岩壁、或是河邊平面石板、或是沙堆的地方，割些芒草或鬆軟的雜草當成墊子，照樣一覺到天亮。工廠這樣安排我們住宿的地方，在當時的我認爲很舒適了。

清早，一鍋稀飯、大饅頭、肉鬆和幾個魚罐頭，是我們豐盛的早餐。餐後，我們被帶到宿舍旁一個百來坪的鐵皮屋、四面開放的廠房。我們這一群來自南投、苗栗、新竹及桃園縣山區的小孩，有兩位較年長的大哥哥國中不讀書在這裡工作快一年了，由這兩位兄長按老闆指示安排我們到工作位置就位。

簡陋的廠房裡，到處散落堆積著廢竹料。廠房外的空地上，放著大量完整一把又一把的桂竹，由苗栗來的兩位同學負責將一把綑好的竹子，搬運到第二關給來自南投的同學。南投同學利用切割機，按老闆教導，截成一定長度，再將截好固定長度的竹子放置到第三關我所負責的部門。我雙手緊握著一根截好完整的圓竹子，送進可以剝開一條條固定寬度竹條的機器，再把加工好的竹條送到由來自新竹的同學負責的另一個機器，他將條狀的竹子去除硬皮，留下一定厚度的上層竹條，再交給工廠幾位中年師傅處理編成一張張漂亮的竹窗簾。

聽工廠一位中年師傅說，我們的產品會銷到日本，深受日本喜愛，工廠很賺錢。當時不少鹿港鎮郊外的家庭都開了這種竹窗簾小型工廠，但是要在當地找工人並不容易。據說一名當地成人的薪水可以抵我們四名來自山區原住民小孩的工資，而我們的工作量及實力也不輸當地工人。

早上，我們分成二組將編好的竹窗簾滿滿裝上大板車，約有一個半大人的高度。板車最前面有一條左右後方綁好的帶子可以斜掛在肩上，左右手緊握台車拉桿——它的重要性就如同車子的方向盤，可以操控方向。我們輪流到最前面操控這部車，其他同學則在左右兩側以及後方用力往前推。

或許工廠訂單變多的關係，一大早天還沒亮，老闆便叫醒我們，拉板車將半成品的竹窗簾送到好幾公頃大的墓園曬乾。完成後回廠吃早餐，再接著開始工作。當然，近傍晚時分或是天候轉變時，就要到墓園快速收回那些竹窗簾。

鹿港也不是我的家

過了二週，老闆無暇細心照顧我們，可能工廠內外業務全包在他身上，所以他忙得不可開交。我們的生活全由老闆的妹妹負責，她是一位從不給我們這群「番仔」孩子好臉色的女人。記得，有一位來自南投的同學不知道說了什麼話，讓老闆妹妹生氣，穿著皮鞋的老闆妹妹用力朝同學下部位踢，害得這位同學痛到在地上打滾。我們小小心靈害怕又不敢生氣，連被踢的這位同學也默默地接受了。

我們在鹿港都被稱爲「番仔」，特別是當我們推著台車路過幾個住戶時，當地小孩們都會高呼「番仔來囉！」，而大人們看待我們也並不友善。有一天，可能我們小孩子嘴饞吧！工廠不曾給我們任何零食。當我們拉著板車到墓園放完竹窗簾回程路上，看到一棵結滿龍眼高大的樹，同學們起哄著：「歐蜜，快爬上去拿些龍眼來吃吧！」爲展現我爬樹的能力，我輕易地爬到一定的高度，用右手拉住一個結滿龍眼的枝條，再用左手折斷一串龍眼細枝子，丟給底下的同學們，他們快速又快樂地享受著龍眼的美味。等我第二次將攀折的龍眼往下丟時，居然看不到任何一位同學在樹底下，只是突然發出一聲：「幹！番仔——」我還來不及瞭解狀況，屁股已經被曬衣服的長竹杆刺到，我下意識地轉到樹的另一邊，迅速往下看，應該是這棵龍眼樹的主人吧！他快速從枝幹間收回竿子，再轉到樹的另一面對著我猛刺，口中咒罵著「幹！番仔——互恁死！」

我怎麼可以任由他來刺傷我呢？腦海裡快速閃過赤腹松鼠的技能，牠的身體永遠不會直接面對敵方，利用快速移動並閃到樹的後面，然後逐漸往下以便於尋找另一個枝條安全逃逸路線。這個靈感一來，我用餘光看準對方，雙手抓住下一個枝幹，快速轉移到樹的背面。等他收回長竿轉到我的正面時，我再重複剛才的技能往下降。接近對方時，看準他後方一個離地最近的橫枝幹，奮力地跳過去，雙手抓住枝幹用全身的力量往地面俯衝著地，不顧一切地朝工廠方向奮力跑去。接下來的下場就是被老闆嚴厲責罵。

在這家工廠工作，我們越來越不快樂與不安。有一件重大事件發生，讓我跟一位來自新竹的同學萌生逃走的念頭。我們從墓園回工廠途中，經過一家住戶，這家住戶與馬路間圍著一道磚牆。聽說這一家的小朋友喜歡爬上圍牆，坐著觀看經過的人車。那天我們經過那裡，抵達工廠約莫兩小時後，才從村民口中傳出那小朋友從圍牆上跌落，頭部撞到水泥地面，昏迷不醒。因爲這事件，老闆聚集我們廠內所有原住民小朋友，大聲訓戒我們說：「我聽到村民跟我說，這小朋友從圍牆跌落就是你們這一群『番仔』幹的——」說到這裡老闆怒不可遏大聲斥責：「幹！是誰？還不誠實說，如果你們不承認，這幾天派出所警察會來找你們，到時候你們有可能會被抓去關。」聽到老闆這樣說，我們每一位驚恐懼怕的心情表現在稚嫩的臉孔上。明明沒有做的事，爲何要誣賴我們？這個疑問出現在我們每一位原住民小朋友心裡。這事也驚動到派出所警員親自到工廠詢問我們，終究也查不出個所以然。

逃亡計畫

那一整週，我與新竹來的同學開始執行「逃亡計畫」。他裝病說要到診所拿藥，工廠生意越來越好，老闆更是忙碌，隨便拿一百元給他，說叫一名同學帶你去看病。這一名陪病者就是我。我呢？則將鞋子挖了幾個洞，連帶褲子屁股部位故意弄破二個大洞，走到老闆那裡說：「老闆我可以先拿幾百元工資到鎮上買鞋子和褲子嗎？」我將鞋子褲子破損的情況拿給老闆看，老闆沒察覺有什麼異樣，拿了兩佰元給我。就這樣，我與新竹來的同學將三百元平分，每人一百五十元，也沒收拾行李，就直接由鹿港搭公車往彰化火車站。我買了一張往中壢的車票，他買了張往新竹的車票。爲了找路及弄清楚搭車方式，我們不斷詢問路人，緊張、疲累又饑餓。我直到中壢火車站才買了一盒台鐵便當，快速吃完再轉搭通往大溪鎮的桃園客運。看到熟悉的大漢橋及大溪街道，心情才舒緩許多。

由大溪客運總站下車，本想直奔大溪公路總站，摸一摸口袋，居然半毛錢都沒了，是掉了嗎？還是剛剛好用完了？再次翻遍前後口袋以及上衣袋子，眞的！完全沒有錢。我慌了，在不知所措中，突然見到一位陌生的族人。於是我厚著臉皮跟他要幾塊錢。他搖著頭回我說：「Ungat pila wah！沒錢耶！」

有了跟人要錢的經驗後，我想到，大溪旅館必定有不少族人住在那裡（大溪旅館客源幾乎都是來自復興鄉各部落族人）。從客運站直接沿著康莊路約一百公尺距離，便是原住民常住的大溪旅館。我直挺挺地站在旅館大門外，尋找著慈眉善目的好心長輩們。看到有兩位從旅館內出來的陌生族人，就直接跟他們借錢。他們的眼神，就好像我是在大溪打混的不良少年。

兩位大人沒搭理我便離開。看著旅館中堂鐘錶，最後一班通往後山的班車再半小時就要發車了。在無人願意伸出援手的情況下，我情不自禁流下男兒淚。我的肩膀因爲不斷抽泣而顫抖著。這時，有一雙溫暖的手搭在我肩上，溫柔地說：「wiy! swa su mngilis sqani la pi laqi na Wilang bokusi? 哇！偉浪牧師的兒子爲何在此哭泣呢？」

我用雙手擦乾淚水，看著如同我母親一樣和藹可親的老婦女，說實話到現在我還不知道這位阿姨是哪個部落的人，跟我們家有什麼親屬關係嗎？當時潛意識根本不可能想到問這些瑣碎的問題。我直接跟這位阿姨簡單說明我的情況。阿姨從她的口袋拿出二十元給我，叫我趕快追趕最後一班車回家。

說時遲那時快，我盡全力快速跑向大溪公路總站，部落

過了這座粉紫色的「巴陵大橋」，就抵達下巴陵了。（攝影：黃謙賢）

族人依序上車，我買了張巴陵終點站的票約十幾塊錢。車上的乘客不少，走道都站滿了族人。我瞭解車子越往後山，乘客會越來越少，果眞到了羅浮部落我才有位置坐，閉上雙眼好好沉澱這一路驚濤駭浪、忐忑不安的心情與遭遇。

終於抵達終點站了——Phay（下巴陵）。隨車有來自中巴陵及上巴陵部落的族人，他們好心跟我說，外面有台鐵牛車要上山，我們一起搭乘。我打從內心感謝族人們的愛心，若沒能搭上這部車，我可能要獨自徒步走上一千兩百公尺海拔的路程。我爲他們的愛心感謝上帝。凹凸不平的泥巴路加上顛簸與搖晃，使得我的身體疲憊不堪。鐵牛車伴著星月緩緩升起，到達上巴陵部落時，夜色已經晦暗。我向車主及族人們致謝後，必須獨自征服回家的最後一段艱苦路途。

上巴陵往卡拉部落，循著產業道路至少有三公里以上。在黑夜裡行走，真的需要憑藉著每日上下學回家的記憶和腳尖跟進車胎路徑的感覺。我好幾次踢到石頭或土堆，差點跌倒。還好來自山上的小孩平衡感極好。千辛萬苦回到家，父母已睡了，我則回到破舊的房間鑽進被窩裡，莫名奇妙地流下兩行淚水。一覺睡到天亮後，迎接我的是第一道拉拉山的晨曦。此刻我思忖著，一樣的大溪公路總站、一樣的部落族人、一樣的公車味道、一樣的方向與目標、熟悉的那一道道心靈的傷痕與淚水。

再次回到家鄉，父親沒有跟我多說什麼，只跟我說：「有空下山將長髮理掉，穿雨鞋一起工作去吧！」這就是父親對我離開學校在外混半年的應對與態度。

7
回到卡拉部落

部落與教會

回到卡拉部落，與父親辛勤地在烈日下工作，日子過的雖然無趣辛苦，但每週三的部落家庭禮拜、週五的教會禱告會、週六的青年詩班與週日的安息主日禮拜，給了我極大心靈的安慰與激勵，其中我特別喜歡每週六青年詩歌班練詩的時間。

巴陵教會（攝影：黃謙賢）

巴陵教會詩班老師也是我們教會的司琴者之一。在主日禮拜開始前，總會有一段序樂，讓眾信徒安靜下心情預備禮拜。音樂老師開始彈奏時，常以慢板輕柔的節奏來呈現，沒想到還沒彈到一半，急性又愛現的個性開始發威，雙手重重地敲打著黑白鍵，好像鍵盤與他有仇似的，最後用一個從最右滑音至最左鍵作結束。看著他滿足喜樂的樣子，我們青年人在詩班席上相互對望露出無奈的微笑。其他眾信徒則沒有任何表情。

下巴陵往海拔1200公尺的上巴陵部落間的一個聚落——中巴陵部落（攝影：黃謙賢）

卡拉、上巴陵及中巴陵部落沒有夜生活，沒有夜市、商家及電影院。唯一提供我們部落青年休閒、育樂，及吟唱美妙詩歌的公共空間，就是教會。我們年少熱情的心，也只有透過教會團契活動，可以隨時接近觀賞部落清純美麗的少女們。有一個禮拜日，我們教會老牧師Lebin（陳榮敏）告訴我說：「下個禮拜六有來自總會（台灣基督長老教會總會事務所）的兩位牧師，會來我們部落玩，就請你負責陪同接待。」我二話不說便答應Lebin牧師的請求。

禮拜六一大早，我到教會等候老牧師口中的兩名總會來的貴賓，沒想到出現在面前的是兩位年輕的白浪少女。我支支吾吾地說：「妳們，妳們是來教會的嗎？」我怎麼會那麼不自在，盡講些自己聽不懂的話呢？還是其中一位小巧玲瓏又可愛的詹秀華姊妹先開朗地自我介紹，我才知道她們是總會《新使者》雜誌的編輯。另一位叫賴德卿，後來當了牧師，更巧的是我在總會服務時，她居然成了我在總會的同工，擔任客家事工委員會幹事。

來自台北的這兩位少女很開朗，又自在，而我這位閉塞又木訥的巴山少年郎則非常拘束。我從來沒有機會與「來自台北的少女」這麼近距離相處在一起。她們要求我帶她們到拉拉山巨木群去玩，我騎著野狼125摩托車載兩位少女，經過部落幾間住戶，熟悉的青年面孔莫不以羨慕的眼光看著我呼嘯而過。走在拉拉山步道，兩位看到巨大的千年檜木林，歡呼喜樂不時拍照，她們合照由我拍攝，但記憶中好像我一張都沒入鏡。就這樣我默默地尾隨著這對愉快的少女搭擋，回到巴陵部落，剛好有車子要下山，就這樣送走了兩位「台北來的少女」。

就這樣，我在部落居然成了一個多月的風雲人物。怎麼說呢？每個部落青年都問我，怎麼認識這兩位台北來的女朋友？對這問題我含糊回答說：「是緣分吧！」有的青年又急著問我：「那兩位你比較喜歡哪一位呢？另一位可不可以介紹給我認識？」我回答說：「很難講呢！緣分到底是哪一位，可能隨時都會變耶！」

我活像個大衆情人式地自我膨風，突然另一位青年走到我面前挺著腰，大聲地對我說：「歐蜜你以爲只有你有平地女朋友呀！有一回我下山到台北，經過高速公路收費站時，一位漂亮的小姐一看到我就對我微笑，眼睛很親切地看著我，我將票遞給她的時候，我們的手有接觸到耶！回來的時候，有幾天的時間我都不洗手，因此我每幾個月都會上高速公路一次，想會那一位小姐。」「結果呢？」這位好朋友只有搖頭說：「運氣不好就沒遇到了。」這些無聊的劇情居然還會在我們這質樸的部落上演一個多月，也眞夠奇蹟。

青年夏令營

每一年，我們泰雅爾中會固定舉辦「泰雅爾中會青年夏令會」。夏令營通常是四至五天的活動，這是一件大事情，從台中、南投、桃竹苗、北縣及宜蘭縣原鄉，還有都會地區的泰雅青年，都會集聚一堂，接受培靈、專題演講、詩歌班友誼賽以及半天戶外踏青的安排。我們巴陵教會青年會特別是男孩子們，都會在大會前一兩個月賺錢存起來，在營會前兩天到大溪添購帥氣的新衣服和褲子。這當然純粹是爲了吸引異性朋友的注意，或是期待能結識成爲朋友。

每次活動至少會有七到八百名青年出席。活動大部分會辦在新竹聖經學院的大禮堂，或是部落較大型的教會。五天四夜的活動，到了第三天，我特別注意到來自五峰鄉某一位就讀竹南高中的姊妹，她的父親是公務人員，叔叔是該鄉的鄉長，當晚有盛大的詩歌團體及個人比賽，她居然報名個人比賽，看著她清純又落落大方的台風，吟唱起詩歌時投入的情感，深深打動了我的心。

後來的那幾天，我的目光便如同搜索雷達一樣地四處找尋，找到了也不會刻意走近攀談，那年代多嘛「愛妳在心口難開」。剛好紅極一時的西洋歌《More Than I Can Say》也翻成中文歌，原鄉青年人人都會唱「喔喔耶耶，愛你在心口難開，我不知應該說些什麼，喔喔——愛你在心口難開。」是木納、假裝紳士？還是羞於不知如何應對？我想都是吧！

就這樣又白白浪費了一天的時間，直到最後一夜的培靈會及呼召。那個時段由雅福．夏德牧師主持（曾擔任台灣基督長老總會議長）。在灰暗的大禮堂空間，講台前佈滿了明亮的蠟燭，雅福牧師伴隨著《主啊！求你差遣我》：「主啊！主啊！我在這裡，求你！求你差遣我，我獻這微薄的生命，願爲主重用的器皿。哪怕是風霜，哪怕是雪雨，凍不僵我火般熱的心！全心全意爲主作工，直到那日，安然見主。」

就在詩歌班不斷重覆輕聲吟唱的同時，雅福牧師大聲且肯定地呼召說：「我們奉救主耶穌基督的名，呼召在場的每一位青年們，有哪一位願意獻上一生，將身、心、靈奉獻給主，爲主所用，並且願意到神學院報考，成爲未來的牧者的，請到台前來，牧師爲你們祝福禱告。」

牧師呼召了幾次，都沒有人上台。我抓住這一點，勇敢地挨近那位姊妹的身旁，告訴她說：「我願意爲主所用，我要到台前去接受呼召。」她居然沒有任何表情，只是睜大眼睛看著我。於是我勇敢地成爲第一位願意奉獻自己的年輕人。

走到台前時，雅福牧師說：「哦！主啊，感謝祢，終於感動了這一位青年，願意獻身成爲祢的僕人……」我在心裡想著，那位少女看我走到台前，會不會也被我感動了呢？在詩班歌聲，及牧師一再的呼召和禱告下，過了好一段時間，我身旁居然站滿了男男女女的青年人。我的獨特性及光芒完全被群眾所淹沒了！原本我上台的動機，純粹是想要打動那位姊妹的心，現在看到這光景，我私下想，反正有那麼多人「獻身投考神學院」了，也不差我這一個。事後，那一段純純的愛，以及獻身成爲牧者的決志，也如拉拉山的輕風吹散雲朵般，自然地消失得無影無蹤。

前往沙烏地阿拉伯？

在山居的歲月生活雖然單調，但年輕人總是還有夢想。後來飾演《賽德克巴萊》男主角的Nolay Piho（林慶台）牧師當時是我在巴陵的工作夥伴，他的大姊嫁給我表哥，因爲依親關係，長期住在我們卡拉部落工作。我們共同包一塊白浪的果園砍草，也一起到新竹尖石後山馬米部落當杉木伐木工，所得的工資我們均分。

山上的工作都是臨時性，時有時無，收入很不穩定。林慶台向我提議說：「歐蜜想不想賺大錢？」我回答說：「當然想啦！」他跟我說，他的大哥現在在沙烏地阿拉伯隨著榮工處工作，那邊還需要工人，薪水非常高。聽到這裡，我的心有種飄飄然的感覺，可以出國，又能賺大錢，這是多麼好的機會！我當下立馬答應。我們眼巴巴等了兩三個月，卻沒有任何消息，最後在電視上看到兩伊戰爭爆發，經家人與榮工處取得聯絡才知道波斯灣被封鎖，船隻與飛機都無法行駛，慶台的大哥也無法如期回國。

漫漫長夜等待的結果居然還是一場空。慶台不知道哪來的想法及感動說：「歐蜜，不如我們一起去報考玉山神學院吧！」當時是六月，雖然我與慶台的父親都是牧師，但我壓根沒想過去考神學院，那一夜「獻心會」接受呼召也只是爲了做給那名姊妹看而已。我回慶台說：「諾萊（慶台泰雅名），如果去玉山神學院，我不如前往武當山當少林和尙。」

這件事就沒特別放在心上。現在想想，若非兩伊戰爭爆發，我或許又到阿拉伯當勞工。雖然待遇可能較好，但仍然沒有擺脫離鄉背井，以勞力換取三餐的模式。我小學就曾被帶到鹿港做工，半年後才逃回家。高中輟學後在貨運公司當跟車助手，搬運重物。這也是當時許多原住民走上的路：有人告訴我們一個賺錢夢，但是最後未必是眞的。我最後沒有去成的阿拉伯，不知道是什麼樣子的。我們家在哪裡？我們是否非得作這個世界裡的異鄉人？

家鄉的森林，部落的土地

就在這時，家鄉的山林悄悄發生變化。

家鄉的Maqaw山，一整片檜木林被林務局以整治枯立倒木爲由，外包給伐木商大肆砍伐。千年巨木倒下，週遭小樹

由巴陵山頂往新竹Llyung Mrqwang馬里闊溪的全景（攝影：黃謙賢）

木也跟著遭殃，光禿禿一片山林，活像是座癩痢狗的身子。一場大雨造成整座山往下滑動，部落年長者看了只能搖頭興嘆。

沒想到，林務局外包的伐木商砍完原始檜木林後，居然腦筋又動到我們卡拉部落週圍的雜木林，特別是將巨大的流籠機器放置在我們部落的正中央。我少年最喜歡的卡拉河釣場之一，即是Tluwan，那區域的森林被伐木商砍伐得七零八落。他們特別中意tgbil櫸木、qnus樟樹等等，有時還連根拔起拿出去賣。

當時我年少的心靈怒火中燒，但眞的不知如何是好，與部落族人默默地接受這殘酷的事實。又過了好一段時日，政府爲了石門水庫淤沙問題開始策動：凡是原住民保留地，地目類別爲「林地」的，上面的工寮都劃爲違建，必須強制拆除。

我納悶、我憤怒。巴陵這條稜線上，數十年來都頒佈有都市計劃限建二十年的限制。但是在發現千年巨木群後，白浪財團開始利用原保地掛人頭的方式，大興土木興建的旅館與民宿，就不被算作是違建。拆除隊只找善良又弱勢的原民來開刀。是可忍，孰不可忍。

我們巴陵正對面是Kulu古魯舊社，日治時期的集團移住，將該部落族人散居到較前山的Tuba（基國派）、Kasunu

（嘎色鬧）、Rangay（斷匯）、Bilus（仙島），以及宜蘭大同鄉幾個部落。這些Kulu 舊社的後代們，數十年來不斷向政府提起訴願，希望能將固有的土地還給他們，但政府一直以這些是國有土地來搪塞。但是令我們所有巴陵地區的族人納悶的是，爲何姓吳的老闆可以在當地佔用土地，幾乎四、五十年之久，高壓電纜線還大開方便之門地爲他而架設，爲何？據說這個姓吳的老闆與吳伯雄家族有親屬關係，但沒有任何證據，只是在部落相傳已久。

這些事給我極大的衝擊和反思，到底我們原住民還要被欺負到什麼境地才肯抵抗？我們的傳統土地莫名其妙地被政府輕鬆劃定爲國有林班地，所有獵場、舊社及耕地，只因爲沒有照國家政府的申請與登記程序，於是我們就與千百年來祖先遺留的土地完全切割？在「嚴謹」的《山地（原住民）保留地（開發）管理辦法》中，多少土地糾紛與正式法令抵觸就視同無效，我們的土地權就這樣白白地被政府收回成爲「公有保留地」重新發配。而地方的公所承辦者，與開發投資者之間，總是有著高度的默契。因此財團可以長驅直入，大肆開發與興建，拉拉山是如此，Tranan（烏來）亦是如此！

無奈與憤慨充滿胸口，夜深人靜一個人獨自在破舊的家屋中，反覆思考著好朋友Nolay Pihu林慶台對我的建議：「一起報考玉山神學院吧」，他這個聲音在腦海裡越來越大聲。隔天一覺醒來，清晰的思緒告訴自己：教會在原住民各部落的影響力是大的，上帝也會有祂更深的旨意在部落教會裡動工，將祂的眞、善、美、聖賜予祂所喜悅的兒女們，這種微弱的感動強烈催促著自己立即告知Nolay Pihu，「這個月我們一起報考玉山神學院！」

卡拉部落最佳打卡的地方——船型教會（攝影：黃謙賢）

. BOX .

〔家園對話〕

社會苦痛與找尋家園

林益仁

近來，我的思緒在歐蜜牧師的青澀年代回憶與線上課程的內容激盪中。昨晚的課，我跟學生提到一個「家園互依」的概念，這是我自創的詞彙，大致是在描述「找家」（homeward drive）是生物的本性，但是家園並非單獨與封閉的社會單位。反之，它常常是移動且有著某種路線發展的趨勢。我反對英國人常說的，「一個人的家就是他的城堡」（A man's home is his castle）。我要講的家園，是有著內在與外在的互相依賴關係。這個關係的斷裂與破碎，造成了許多的苦難，而這些苦難往往不是某個個人所造成，它們是集體的建構。我在課堂上，講了一個我親身經歷的八尺門故事。

八尺門，是基隆富有盛名的和平島對岸的海岸山坡地，是在和平橋頭的轉彎處，它的入口正是另一個有名的景點阿根那造船廠遺址。我小時候，有一個阿美族的同學叫做林金生，他住在這個地方。但我從來沒有進去過。我喜歡走到橋頭觀賞橋下美麗的熱帶魚游來游去，但卻從來沒有走進去。

我的同學林金生，我的印象是很木訥，不像其他的阿美族同學很調皮好動，喜歡逗弄我們，也很少加入我們的群體玩耍。小時候，我們總是被老師安排兩兩坐在一起，共用一張書桌，所以常常必須畫出楚河漢界。同學們不喜歡跟林金生坐在一起，一來他不太講話，二來他有點髒髒的。有一次，老師安排我與他坐在一起，我也不是很情願。但印象很深的是，記得我們一坐下來，他馬上就送我一個小禮物，就是一個黑松汽水瓶蓋底的軟墊，上面有著十二生肖的圖案。我們收集十二生肖，可以換特別的禮物。他的舉動，讓我喜出望外，忘記了跟同學一樣對他的嫌惡感。想起來，我也是很勢利的，但也很容易被收買。接下來，連續三天他都送我不同生肖的軟墊，我眞的太高興，之後我就會跟他索討我還沒收集到的生肖，他都說會回去找找。現在想起來，我眞是貪得無厭啊！

其實，我的記憶就停留在那個點。這事就一直到我念研究所的時期，我與研究所同學李奇英，學姊陳彥君必須到阿里山森林遊樂區進行鼠類的生態調查，我們一去都要五天。所以也會帶一些精神食糧一起度過山居生活。其中，我們特別會去買當時文青喜歡閱讀的《人間》雜誌，是陳映眞主編的報導文學雜誌，裡面有許多社會底層生活的寫實描述以及照片。有一期的標題正好是「八尺門的故事」，那是我第一次從雜誌上看到八尺門的樣子，因爲我都只是在入口處就停住了。文章與照片描述著阿美族人如何從花蓮與台東來到基隆受僱上遠洋漁船捕魚，八尺門充滿了違章建築，更是垃圾場的地方。記得，我的眼目看到那些寫實的照片與文字時，心中突然激動與澎湃了起來，隨即產生一種羞愧與懊悔的心情，因爲我終於明瞭了同學林金生爲什麼會有那麼多軟墊的原因了。小時候，我們能喝到黑松汽水是非常不容易的事，只有喜慶宴會才有。他不是天天喝汽水，而是到垃圾堆去「尋寶」得到給我的禮物。這是非常珍貴的禮物，他用這些東西來建立與我們的友誼。想來眞是令人感動，但同時也對自己的無知感到羞愧。

這是我的八尺門故事，事隔多年，有一次在一個場合遇到青年時期的阿美族哥哥胡添財（Kino）牧師，他也跟我分享以前八尺門違章時期的經歷。他們甚至必須拿錢去户政事務所進行暗盤，因爲這樣可以確保違章不會被拆除殆盡，只是會做做樣子就好。這些都是底層的眞實生活，但是我們主流社會很難知道。可以想見在那樣的生活中充滿了多少的苦痛，而這些苦痛都很難化約成個人努力與否的問題。這些苦痛，來自深層的社會結構，這些社會結構所帶來的壓迫與歧視，讓個人去承擔是不公平的。

但是，這些底層的群眾依然有著強韌的生命力。我在歐蜜牧師的文字中同時看到社會結構帶來的苦痛與一種掙扎生存的信仰力量。他所描述的基隆高中與種種的場景離我不遠，甚至我們可能在基隆的某些角落互相以陌生人的方式相遇，但是我的領悟竟然如此之晚，而且是一層一層地揭露，並非是豁然開朗，它就是需要一個過程，一個自我反省啓蒙的過程。我跟學生講説，這些陌生人在基隆這個異鄉的海港都市相遇，有些人就以此作爲家鄉。阿美族如此，泰雅族如此，其實漢人，不管本省，外省，客家似乎也是如此，在一個冷漠與殘酷的世界裡找尋互相依靠的力量，我們都在「找家」。家不是一個地點，也不是城牆深厚的堡壘，而是在人生走動的過程中。我的同學林金生，後來也常跟我們一起到學校後山探險，是他教我酢漿草可以吃，還有一些山上的野菜知識。每當想起這些，我都覺得啓發持續產生。歐蜜牧師的文字也多少透露了這些幽默與關鍵的求生能力，更重要的是背後的信仰支撐。有時間，我也來寫寫基隆正濱教會與外地人的故事。

part 2

我在玉山神學院的日子

1
沒有無用的磚石，沒有無用的生命

到底是神學院，還是農學院？

一九八四年，我與林慶台順利考進玉山神學院。我們的學歷僅只國中畢業，必須先讀兩年的「預科班」，結業後才能進入四年神學系的裝備與訓練。

記得註冊那一天，有學長告訴我們：「沒錢註冊沒關係，可以分期支付，學校會有很多打工的機會，到學期末還完就好。」我聽了深深鬆了一口氣，因為當時身上沒帶什麼錢。從那時起，第一年入校到畢業，大部分註冊費用都是靠自己打工，以及國內外愛心奉獻者的捐獻，才能一學期一學期完成學貸的壓力。

學長接著又告訴我們說：「要順利完成註冊，第一關最重要的是：檢查您的鐮刀、鋤頭、斗笠、雨鞋，這些缺一不可。」我跟慶台好納悶，過去在深山生活工作，好不容易才擺脫鐮刀、鋤頭、斗笠、雨鞋，怎麼到玉山神學院還要當農夫呢？心裡不時嘀咕著，來玉神（玉山神學院簡稱）不是讀聖經、祈禱、默想、培靈、唱詩以及認罪悔改的地方嗎？怎麼還要浪費那麼多時間來工作？不如神學院改爲農學院好啦！雖然心裡有不少的抱怨，既然人都來了不妨就先適應看看吧。

玉神座落在鯉魚潭湖畔。鯉魚潭是一座美麗沈靜的湖泊，伴隨著一片青翠的草原。校園不大，兩棟男女學生宿舍分別在校園左右兩側，外加一小棟我們稱之爲「白宮」的夫婦宿舍，還有一棟三層樓教育大樓及辦公室，其它則是教員宿舍。我們每天清早要進行個人或是團體靈修，早餐後即打掃清潔環境。每週三下午半天是勞動日，每個人都要身穿工作裝，帶著個人的工具，到被分配的組別，再由小隊長負責帶隊工作。

玉神校園上方處有三公頃的竹林及銀合歡區域，又有一塊緊鄰女生宿舍邊好幾分地大的柑橘園，還有一塊往隔壁崇光部落約二十公頃、栽種著銀合歡的承租地。除了整理這些土地清除雜草外，學校也飼養了上百隻雞。我們學生要打掃雞寮，也要學習替雞群接種疫苗。這些工作對我而言是輕而易舉，但我在內心深處卻極度不滿校方的安排，認爲是另類壓榨及消費我們原住民青年人獻身的熱情與精力。

開學典禮那一天，楊院長的講道中有一句話深深吸引及打動我的心：「身爲上帝未來的僕人，要聽見部落的吶喊，看見部落的痛苦，並要像摩西一樣帶領自己的族人出埃及。」這句話，不就是潛藏我內心已久，對我那還未能解放的心靈桎梏的解藥嗎？就在院長短短的講道篇裡，得著這麼大的釋放與信心，我在內心誠心地感謝主上帝。

和院長一起勞動

玉神每學期有五天的勞動事奉週，不只是學生，院長和老師也都要身穿工作裝、帶個人工作用具，進行工作勞動。勞動部長從「牧羊會」（玉神的學生自治組織）中選出，工作及人員分組都由勞動部長安排及指揮。人高馬大的布農族勞動部長L安排我與楊院長和幾位同學組成砌石牆小組。我們堆好了所需的大小石頭，再與院長互對攪拌水泥，好固定斜坡上的石牆。把幾擔子細沙加上碎石，再加上一包水泥，挖出一個大濠溝加水，接下來我便快速地與院長對翻，左到

玉山神學院圖書館（照片提供：王怡慧）

右，再右到左，中間不能休息，一氣呵成，否則水泥漿一旦流失，不但浪費，固著的比例也會自動失效。

楊院長雖然高大，但他靈巧堅硬的骨架子，與我的速度與力道眞的難分軒輊， 我們汗流浹背來回重覆兩次沈重的翻水泥工作，勞動部長L學長不時在院長旁邊說：「院長還可以嗎？要不要換我來翻攪？」

待我與院長完成這一階段工作後，院長將圓鍬放在一旁，用頭上的毛巾擦拭滿臉汗水，再叫L學長到前面來，細心又耐心地告訴學長說：「你現在是領導的人，領導者不應該感情用事，只爲一個人或一件小事而放掉全體、全面在運作的事和人員，這樣的領袖是不及格的，你要站在制高點來看，並且細心地掌握每一個部門的進度和境況。」這位勞動部L學長似懂非懂，悻悻然地離開了我們的工作區。

在工作中，楊院長告訴我說：「游同學，在玉神這個大家庭，靈修、默想以及勞動是非常重要的功課，你們學生一定要好好地學習。」我聽了楊院長最後那一句「勞動是重要的功課」，頭腦也跟著剛才那位大學長一起迷糊了。

再見了，我的彈弓

在玉神沒有太大學業上的壓力，與來自全國各族群同學生活非常歡喜快樂，因爲同爲原住民，幽默感十足、熱情浪漫、開朗又單純。有一天，上完了當天下午的課，我一個人走到教育大樓頂樓，從口袋拿出預藏的彈弓及幾顆小石子，瞄準正在檳榔樹上享受小果子的五色鳥。咻一聲！準確地射中那隻鳥，牠直落到一樓辦公大樓的走道上。我快速往樓下奔跑，想拿到男生宿舍把牠烤來吃。當我衝到一樓走道，發現那隻五色鳥不偏不倚地落在辦公室最後一間——院長室門前，顫抖地揮動著牠的小翅膀，楊院長就站在這隻鳥旁。

院長看到我便示意要我過去。我十分害怕。院長看著低頭的我，說：「游同學，這隻鳥是你射的嗎？」我誠實以對：「院長……是我射的。」楊院長又說：「你爲什麼要射牠呢？是不是我們學校廚房提供的飯菜不夠你們吃飽呢？」我趕緊回說：「夠！很飽！很多！」院長又回我說：「既然吃飽了，可不可以不要再打這麼漂亮的鳥？就讓牠自由地在學校的校園飛翔好嗎？」我點頭回院長說：「好！」回到宿舍重新回想，我剛才純粹是有種想吃燒烤野味的衝動，以及享受射擊瞬間的快感，眞的絕對不是吃飽的問題。想到院長簡單易懂的教導，反省自己，既然來到神學院接受屬靈的操練，應該展現更大的愛心才對。當天傍晚我就把彈弓丟進燒熱水的火爐裡去了。

結識多奧．尤給海

在玉神，每週有一個時段是各族學生以族語禮拜及交流的時間。跟我同時入學的神學系一年級生當中，有一位來自新竹五峰鄉的同學，多奧．尤給海，漢名叫黃修榮。在泰雅學生會中，多奧的母族眞是不簡單！遠遠強過當時所有泰雅族學長姊們。

多奧睡在我的上舖。每天回宿舍休息時，他總是扯著大嗓門，向我及同學們大談他的原住民族主體論述。多奧的這個習慣不只是在宿舍，只要在校園任何各角落有同學聚集的地方，他都會大肆宣洩對原住民現況的不滿，批判政府的不公不義。

第一學期，許多同學們一見到多奧就閃得遠遠的。有時大夥正興高采烈地在校園一角聊是非八卦，多奧同學一走過來，那一團立即化整爲零四處逃散。

多奧年齡大我們十幾歲，他進入士官學校一直到部隊退伍，回鄉工作幾年後才報考玉山神學院。有一回，我和幾位泰雅族好同學在宿舍聊得正起勁時，多奧突然出現，劈頭一句就大聲開罵：「幹！你們認爲國歌是眞的嗎？搞清楚，那是黨歌耶！國旗呢？那也是黨旗啦！國家政府搶走我們Tayal（泰雅）族的土地，我們要靠教會及信仰的力量把它拿回來！」

我們這幾位泰雅族同學聽了好不舒服，這樣子那裡像個神學生，以後要如何當牧師？帶領更多人認識耶穌基督歸信主呢？我們泰雅族學生Losing Yumin、Tingting Payan、Loyo加上我，四個人決定找個時間好好教訓這位邪惡又不馴服的怪同學。

有一天傍晚，我看到多奧大剌剌地睡在我的床舖上。他挺著圓滾滾的大肚子，不時打著巨大的鼾聲，我們四人決定在那一天下手。我們預備了一個大痲袋，準備將多奧裝入痲袋裡痛打。由他們三位先到宿舍旁燒水的大火爐後面埋伏，派我去叫醒多奧，引他到埋伏的地方，集體圍毆教訓他。

我挨近多奧床沿，大聲叫他。他睡得很熟，我用力推他身體，他才意興闌珊地起床，一看到我便說幹嘛？我說：「外面有人找……」我的話還沒說完，多奧又開始說他山上原住民保留地及Qyunan傳統土地的問題，我怎麼聽都聽不懂他在講什麼，但多奧就是有這種傻勁，他突然話鋒一轉，談到了他父親如何被林務局栽贓，抓去監牢關，他母親如何辛苦養育他們，他自己在這種苦悶的日子裡如何對教會有所期待，所以才來報考玉山神學院等等。

在談話過程中，數次看到我正對面玻璃窗外，那三名泰雅族同學緊張的面孔對著我。Losing示意催促我將人快帶出來，旁邊較矮小又健壯的Tingting一直猛拍自己的臉，表示太多蚊蟲，要我加快動作。但是我聽得入神了，鄰近其他同學也開始靠過來聽。到最後，連外面原本準備聯手毆打多奧的泰雅族同學們，也一一被多奧豐富又有炫染力的口才吸引住了。

他所述說的每一件故事，對我是那麼地熟悉！因為我父親也曾在林班地上，砍了一些桂竹，被送進桃園監獄關了六個月。 大家乖乖地排坐在大通舖上，聽多奧說話，就像小學生聽老師講故事一樣地安靜。多奧具備了豐富的泰雅傳統制度與山林知識，他的筆鋒非常銳利，他的文章在軍中得過獎。他告訴我，所有的知識都來自大自然、部落、族人以及Le-Utux Kayal（天神／上帝），最重要是隨時保有一顆開放、謙卑的心靈，各種的知識就會進入你心中。多奧的風趣多聞，從一開始是全校最討人厭的壞學生，到成為最受歡迎的好同學、好朋友、好兄長，其中轉換與落差真的好大呀！

高俊明牧師與泰戈爾

休假回家時，遇到不少同儕朋友，每個人都在炫耀個人的學歷：省中、大學、專科學校。等到我說我在「玉山神學院」時，好朋友們齊口說，從來沒聽過這個學校。此時一位在鄉公所服務的叔叔輩部落族人現身說：「這個學校不算什麼學校，因為政府沒有給予立案，加上這個是反政府姓高（高俊明）的院長成立的假學校……。」我聽了好難過、好心痛。

在部落幾天，我的母會老牧師Lebin（陳榮敏）牧師及我父親Wilang Hayung牧師看到我，便大談過去他們的恩師及啓蒙者高俊明院長，及當時任教師的楊啓壽牧師，他們的學識是如何淵博，信仰是如何堅定，人格又是如何善良，愛原住民族如同愛自己的家人般地愛護與培育。

這兩股聲音在心裡不時激盪著。但是因爲我個人對前院長高俊明牧師實在太陌生了。回到學校，我努力在學校小型圖書館內閱讀散文、傳記及信仰書籍（我特別喜歡個人的生命見證），無意間翻到高俊明牧師爲了紀念玉山神學院設立二十週年，所寫下的〈山上的花園〉禱告文：

「我們在天上的父神，願祢使這烏雲籠罩的荒山幽谷，變成，百花盛開的花園。那兒有，眞理的花，公義的花，聖愛的花，信仰的花，盼望的花，安慰的花，和平的花，喜樂的花，勇氣的花，勝利的花，贖罪的花，復活的花，盛開著。願它的馨香流芳遍地，直到萬代。奉耶穌基督的名祈求，阿們！」

我讀了前院長高牧師的詩，可以感受到高牧師及楊院長共同努力在這荒蕪之地建構並實現一個「原住民神學花園的夢」，感慨自己學歷及知識和能力太淺薄，寧可當這座花園裡的小草，以印度詩人泰戈爾所說：「小草你的步履雖小，但卻擁有足下的土地」來鼓勵著自己說：「Omi（歐蜜）你的能力雖小，但卻擁有比大地還大的上帝的慈愛與憐憫。」

沒有任何東西是無用的

預科二年日子很快就過去。隔年我以正式生的身分就讀神學系一年級。當時學校還有音樂系及基督教教育學系。楊院長及夫人總是穿著樸素，即使是重要時刻，或有貴賓來訪時，院長也永遠是那一套不知穿了多少年的灰色西裝及褲子。但是因爲院長高大又英挺，雖然身穿舊西裝，卻更顯出高貴紳士與屬靈長輩高雅的氣質。

楊院長如同傳說中的前院長高俊明牧師一樣，奉行簡樸生活。在玉神極其有限的資源中，沒有任何一件東西可以浪費掉。

在校二年勞動工作，很多時候會被分發去拔彎曲生鏽的釘子，把釘子放在平坦的鵝卵石上，用鎚子敲平，再依釘子大中小分類放置在不同盒子中。有時也會被分配去將一堆雜亂廢棄的木板及木條，一一清理並截掉腐爛的部份，依大小尺寸分類擺放在工作室內。被截下來的壞的木板木條，也要收進大袋子內，送往宿舍當柴火燒水用。有時也會處理舊的防蚊紗網，逐一將破損的部份剪掉，留下好的部份存放著。大大小小的石頭更不能隨意丟棄，要堆放在一起。學校技工師都遵照楊院長指示，來處理每一件事情的步驟與方向。

學校打工項目非常多，我們較窮的學生會善用課餘時間打工。女學生會在圖書館或是學校電話總機擔任接線生。此外還有修理方面的工作。例如補男女宿舍及教員宿舍破紗窗，就充分運用收集整理過的舊紗網來補換，清洗過的紗網彷彿如新的一樣，其功能與新紗網不分上下。若是隔板或桌椅壞掉，我們也會用整理過的木板及木條來換補，而發揮重要連結與穩定功能的釘子，就用之前分類好的回收釘子來固定。當校園斜坡出現崩坍的地方，就運用平時存置的大中小石堆，依其重量、型狀及三角固定放置方式，一層層堆砌成堅固的石牆。

在校多年後，這些勞作讓我親身體驗與實踐後，深深體會到前院長高俊明牧師及楊院長的用心良苦。在玉神沒有任何東西是無用的，更沒有任何一名學生是多餘無意義的生命體。因爲兩位院長立校與教學的目的，就是因著耶穌基督的救恩與慈愛，將舊的老我成爲新造的人。楊院長在師生禮拜講道中提到彼得前書二章7節：「匠人所棄的石頭，已作了房角的頭塊石頭。」鼓勵我們每一位學生要以原住民爲榮，更要看重自己，因爲上帝呼召使用的都是重要的器皿，未來引領原住民出埃及。聽到這裡，我越來越能清晰地——找到了自己。從此再也不自卑於自己的學歷與能力，更要以這間沒有被國家政府承認，校舍簡陋師資有限的——玉山神學院爲榮爲傲。

在1939年那篇著名的文章《無用知識的用處》中，弗萊克斯納這樣寫道：「時至今日，『實用性』是我們評判某個大學、研究機構或任何科學研究存在價值的標準。但在我看來，任何機構的存在，無需任何明確或暗含的『實用性』的評判，只要解放了一代代人的靈魂，這個機構就足以獲得肯定，無論從這裡走出的畢業生是否爲人類知識做出過所謂『有用』的貢獻。一首詩、一幅畫、一部交響樂、一條數學公理、一個嶄新的科學發現，這些成就本身就是大學、學院和研究機構存在的意義。」（原文網址：https://kknews.cc/science/34a6jb8.html）

在玉神越久，自我內在解放越清晰、越自由。儘管許多玉神入學生是一般升學考試的落榜者，或是經濟和社會上的邊緣人。但到了玉神，無形中會有一種力量甦醒沈睡已久的自己，相信這是聖靈保惠師奇妙的作爲！

玉神泰雅福音詩歌團

2
日本「一粒教會」見習

初訪日本

進入神學系第二年時，特別感謝日本基督教團（UCCJ）時任駐台宣教師二宮忠弘牧師，提供我們兩位在校同學，Mic Yumin（王福盛）和我，到日本地方教會進行爲期一個月的見習。

爲了一個月的日本行，我們兩人特別找家人協助籌款，訂製一套西裝及皮鞋。因爲在我們的認知中，日本是一個特別重視禮儀的國家及民族。沒想到一到羽田機場，兩位負責接應我們的日本牧師身穿T恤、短褲和涼鞋，談吐很洋派，開朗又健談。我們兩人不但穿著全新西裝皮鞋，還各自拎著一個007皮箱和大件行李箱，看起來與兩位日本牧師格格不入，結果我們這身行頭只在日本亮相一天就全收入大皮箱，再也沒有穿過了。

一個月參訪學習的時間很短暫，在此僅稍微分享一些印象深刻的經歷與反省。在日本的第二個禮拜日，我們參訪了日本栃木縣塩谷町一間超迷你教會——「一粒教會」。

「一粒教會」顧名思義是間極小的教會。該教會平均聚會人數僅有七到十名信徒。袖珍型木造建築形式簡單，但不失日本傳統建築的味道。駐堂牧師是名三十歲的年輕女性牧者——片岡圭子。

片岡牧師畢業於東京女子大學哲學系，在校時因撰寫《十六世紀宗教改革史》論文，而改變了個人的信仰，轉信基督教。大學畢業之後，服事的心強烈催促著她的內在心靈，她在抉擇中婉拒了獲得全額獎助金出國深造的機會，也謝絕了中學教師穩定薪資的待遇，默默選擇了沒有「錢途」的神學院和傳教志業。在過程中，親朋好友給了她非常大的壓力，但是片岡牧師一一克服了。

片岡牧師接受三年神學院學習畢業後，教團（日本基督教團UCCJ）分派她到擁有上百位信徒的大型教會服務、牧養信徒，片岡牧師卻一口拒絕了教團的安排。她認為，大教會擁有豐富的人力、物力及財力，在教會經營上已趨健全穩固，因此，小教會才需要更多的關心照顧。徵得教團同意後，片岡牧師帶著簡單的行囊抵達栃木縣塩谷郡塩谷町的鄉下地區傳教。當地民間宗教盛行，是傳道者最不願意去的地方。雖然是福音荒蕪之地，片岡牧師卻不因年紀輕、又是單身女子，而做事畏首畏尾，反而以無比堅定的信心投入社區公益工作，以耶穌基督的愛來成全所有負面及反對的壓力。雖然教會人數成長緩慢，但她以堅毅的信心及無私的愛心投入社區各項工作，好不容易從無到有，擁有七到十名教會基本會員。

一無所有者的馨香之祭

在塩谷地區，片岡牧師跟在地民眾建立了信任與友善的關係。與牧師對話中，我問片岡牧師打算在塩谷一粒教會服事多久才離開呢？牧師我回答：「直到教會人數增長到二十名才離開。之後我還是會再尋找一個非基督徒的區域，從事教會開拓的工作。」

看著這位正值青春、活力極其旺盛的年輕生命，甘心樂意將生命的全部投注在這不怎麼起眼的小小教會及鄉村地區，我當時想：「到底什麼才是成功的牧會與獻身？是教會人數多寡？還是宏偉的教堂建築，及奉獻財源的豐厚？用什麼來斷論一名牧師的了不起或是價值？」

《聖經》裡記載，初代教會許多福音的勇士們，將個人的利益與生命拋之腦後，全心全意只爲主的聖工與服務世人無私付出一切，這種眞實的信仰及生命，我在這微小的教會及片岡牧師身上也感受到。〈提摩太後書〉四章2節說：「你要傳福音 ，無論得時不得時，總要堅持；要以極大的耐心和各樣的教導責備人、告誡人、鼓勵人。」（中文標準譯本）眼前這一位清秀、聰穎又帶著堅韌不拔氣質的勇者，讓我既佩服又感動。片岡牧師無形中激發我更有信心走這條——「犧牲奉獻的傳道之路」。

走入「一粒教會」玄關，一名年約八十歲的婦女，跪著幫我們將鞋子脫下，緩慢慎重地將一雙雙鞋子整齊排好在教會正門前。結束禮拜後，這位老姐妹親切地向我們請安，找到我們的鞋子，並幫每位教友穿好鞋子再道別。片岡牧師說：「這位老姊妹學歷不高，年齡又大，在教會裡，她僅以她的能力所及爲主擺上這馨香之祭。」

我聽到這裡，聯想到在玉神每週六、日分派我到太魯閣中會一間小教會實習——利華教會。那裡的信徒最多二十名，成員大部分都是部落年長者。一年一度感恩節慶祝暨感恩禮拜，好多年長者帶著家中的地瓜、南瓜、香蕉及山產奉獻給教會及牧師，少數幾位有點經濟力的信徒奉獻有限的金錢給教會。結束感恩禮拜後，我與該教會牧者莊春榮牧師一起在幾坪大的牧師館舉行會後分享與祈禱。莊牧師是我教會實習的老師，在原住民甚至華人教會界中是位極有名望的福音創作工作者，又在玉山神學院擔任音樂系的指導老師。他爲人謙卑又和善，牧師視我爲家中手足兄弟一般地對待。結束分享前，我們習慣雙手互握彼此，相互祝福禱告。在我們的祈禱中，依稀聽到來自教堂微弱的敲打聲，我與牧師隨著聲音到教堂查看，看到一名紋面的老婦女，彎著腰，枯黃瘦小的雙手握著一個鵝卵石緩慢地上下鎚打著教會老舊的長椅子，每鎚打一次，一隻手便撫摸著椅子上銜接突出來的釘子，再用她微弱的力量將釘子與木條打平。經牧師與這名老姊妹以太魯閣族語交談後，才瞭解老姊妹的心意。牧師向我說明，這老姊妹在部落是獨居老人，沒有能力從事農作，更無金錢來源，今天感恩節爲了回應對主的愛，老姊妹利用信徒聚會完離開教堂後，乘著四下無人，用這一個僅有的石頭來奉獻她在教會的服事與奉獻。因爲教會座椅老舊，有好多張長椅長年被信徒坐著，左右搖動，釘子會冒出來，偶而會刮傷信徒的褲子。經牧師說明後我才恍然大悟，既感動又佩服這位老姊妹所獻給上帝的尊貴祭物。相信上帝必悅納及祝福這位老姊妹所獻貴重的——身、心、靈的活祭。

片岡牧師美好的教會牧養見證，如同教會名稱「一粒教會」，卑微、樸實、閃爍出生命的眞意。〈約翰福音〉十二章24節記載：「我實實在在地告訴你們，一粒麥子不落在地裡死了，仍舊是一粒，若是死了，就結出許多子粒來。」事實證明性別絕對不是問題，而女性從來不是弱者的代名詞，反倒是眞、善、美的代言者。從片岡牧師獻身的心路歷程，給我極大的啓示與鼓勵。兩位不同國籍與族別的老姊妹溫馨的小小作爲，更大大震動與堅定了我未來服事的心志。

就讀玉山神學院時前往日本亞洲農學院與非洲國家學生合影

3
回鄉殘酷物語

五位小朋友

由日本回到學校，碧綠沈靜的湖泊倒映著鯉魚山的容顏，串串優美的詩歌佈滿了這湖濱的天空，同學們風趣歡樂的笑聲呼應著優美校園，群鳥雀躍於林間樹梢。神學系第二年下學期，我接獲來自家裡的電話說：「父親發生意外，右手肘嚴重骨折。」考量著果園及年邁父母生活無人照料，於是毅然決然向校方休學一年。

再次回到家鄉，白天找各類臨時工（除草、果樹剪枝、中耕、噴灑農藥、套袋、伐木等）補貼家用。另外一方面，也代替父親前往嘎拉賀教會牧養工作，這小教會只有十來位信徒，我義務負責該教會每週五晚上祈禱會及禮拜天的主日講道。看著自己白天工作賺錢扶養年邁的父母，又打理家裡的果園及教會牧養，感覺自己越來越像個「真男人」。一個禮拜六正午時分，我開著伍氏搬運車途經上巴陵小街上，看見有五位來自卡拉部落年幼的小學生走在路上。一股疼惜孩童的心油然升起，我大聲叫住這五名小學生說：「叔叔開車送你們回卡拉部落。」孩子們快樂地上了我的車，透過後視鏡，我清楚看到孩子們在車上打鬧快樂的模樣，自己也展現出欣慰的笑容。

伍氏搬運車屬農用拼裝系列車種。我們行過一段險降坡，自然我的車速不快，前面即是一個大彎道，我轉動方向盤，車輪子卻沒反應。我又繼續快速轉動方向盤，居然一點反應都沒有，剎車也失靈。我大聲向孩子們吼叫：「快跳車！孩子們快跳車！」搬運車的引擎聲與後車頭的隔板，加上孩子們在車上忘情的玩耍，對我的呼叫一點反應都沒有。瞬間，我們六個人連車子往小斜坡處翻覆。

車子翻第一轉時，我被甩出車外，全身卡在一棵櫻花樹雙枝幹上。當車子第二次翻覆時，一名孩子的上半身被我車子直接壓下。第三轉時，另一個孩子的下半身被壓到。其他孩子們分別散落在斜坡及下一個車道上。我狂吼著爬下樹來，連滾帶爬地走到上半身被車子壓到的孩子身旁，看著這孩子的頭部快速腫脹，其他孩子不斷大聲哭泣與哀號。雖然我的身體也受傷，但一點疼痛的感覺都沒有，我像失了魂的人一樣，朝著卡拉部落快速邊跑邊狂叫：「快來救人呀！求求你們快來救人！」

半途中有族人看到我，便快速聯絡更多族人來協助。最嚴重的那位小朋友一直昏迷著，另一位小朋友大腿骨嚴重骨折，還有一名右手臂脫臼，其他則是大大小小的內外傷，到了大溪醫院才進一步治療，嚴重昏迷的小朋友被轉往當時的桃園省立醫院，頭部開刀，經過幾天治療後，醫院宣告沒有希望。孩子的父親堅持再送往長庚醫院緊急治療，最後奇蹟地挽回了孩子一條性命。但院方清楚告知家屬，要預備有長期臥床照顧的準備。

懷疑上帝

當時沒有健保制度，大大小小的醫療費用都需要自費，這五名小孩來自卡拉部落三戶清寒的家庭。父親表示我們家願意負擔一切責任，安慰我叫我放心，跟我說已經把鄰近部落兩塊果園與目前我們住的家屋以很低的價格賣給來自中壢的一名商人。父親表示，會盡快將賣土地的錢送到這三戶人家手裡。至此，我們全家一起搬到我姑姑的家屋居住，全家睡在姑姑客廳的地板上，兩戶人家大大小小像擠沙丁魚一般，姑姑家人晚上進出都要小心跨過我們的身體。那段日子真是苦不堪言。幾個月過去，我盤算著所有醫療費用扣除賣地的錢還差一大筆錢要支付。為了籌款，我勤跑復興鄉公所社會課、桃園縣政府社會局，以及長庚醫院相關的社會服務單位，依然無法取得任何的支援。

多少個夜裡我把淚水往肚裡吞，不願讓父母看見而難過。在部落或在醫院，當遇見牧者與信徒，他們溫柔地安慰並要求我與他們一起向上帝祈求禱告。我通常順著他們。當虔誠的牧者及信徒們閉著雙眼，雙掌合十地祈禱，我則呆若木雞，腦袋一片空白，禱告中偶有感覺時，我的內心對這位「上帝」充滿了仇恨，掀起狂亂的咒罵聲：「上帝若是慈愛、憐憫的主，為何給我這個死亡與醜陋的枷鎖？我那麼相信祢，並來服務祢的教會，又幫助家庭，孝敬父母，如今祢在那裡？祢根本不存在？祢只是我們人類所想出來的幻影？祢是大騙子？可惡我再也不相信祢？根本是一派胡言……」我的心可以理解「上帝已死」的作者尼采所說：「在瘋人院隨便逛一下你就能了解，信仰什麼也證明不了。」

計畫賣身到遠洋

考量好一段時間，我決定完成這一生「最後的遺願」。我找了個路邊電話亭，從當天的報紙廣告欄找一家船務公司，詢問好基本資訊，決定下禮拜南下高雄跑遠洋。當時，部落族人盛行跑遠洋。若家裡有急用錢，還可以與船務公司預支二十萬元，但要簽好多年的「賣身契」。

發生這場意外之後，我一直認為我是「撒但、魔鬼之子」。我與這四個家庭（受傷小朋友的三個家，和我自己的家）既無冤，又無仇，四個家庭昀幸福因卻我的疏失而全毀。我用盡所有努力與方法，更為彌補這份永遠償還不了的

「血債」，而「精心設計」佈了這個局。一來願將泰雅族男人最後的尊嚴與剩餘價值（賣身跑遠洋）預支的二十萬元交給這四個家庭平分。二來，以堅決的意志策劃，那艘船無論航向哪一個海域，投海自殺了結我醜陋、荒謬又無意義的一生，殺死、摧毀這尊可惡的魔鬼之子——歐蜜．偉浪。

隔週，在全部落及家裡人對我的計畫毫無察覺的情況下，我一一揮別了部落中那些因我而受重傷的孩子們。搭著午後由後山下山的公車，到了大溪，再轉往中壢客運。在總站買了張往龜山長庚醫院的客運車票，去和傷勢最嚴重，還一直昏迷未醒的小孩作最後的揮別。

病房外的祈禱

走進充滿濃濃藥水味的醫院，白色素樸的格局，看著每一位家屬、醫生及護士呆板毫無表情的臉孔，我覺得就好像進入喪禮場合。在加護病房外，我看到孩子父母互握著手，虔誠地低著頭，默默在祈禱。不知道我在他們身旁站了多久，反正當時我認為，宗教只是人類的愚昧，祈禱是多餘又愚蠢的作為。

孩子的父親抬頭看見我，又看了看我簡單的行李，他抓住我的手跟我說：「歐蜜我們一起來禱告，相信主必幫助我的小孩及大家。」我純粹為了安撫這對可憐的父母，裝裝樣子，特意蹲下來，抓著他們的手一起禱告。但我的雙眼是睜開看著他們的，因爲腦海裡的上帝早已被我「判處死刑」，還做什麼禱告呢？結束禱告，孩子的父親頭一句話讓我呆住了。他說：「歐蜜，你沒有任何錯！我們家人也沒任何人責怪你，你還是要去玉山神學院讀書。我跟孩子的母親深切了解，這孩子是上帝的產業，我們只是盡陪伴與養育的責任，因爲我們『赤身出於母胎，也必赤身歸回；賞賜的是耶和華，收取的也是耶和華。耶和華的名是應當稱頌的。』」

我知道這句話出自舊約聖經〈約伯記〉一章21節。這位父親沒有任何學歷，也沒有接受過神學院的訓練課程，但他的信心與信仰是如此之深。我深感震撼，他說，受傷的這孩子是上帝的產業，他們只是受託管理上帝的「產業」，「償賜」和「收回」都是上帝的權利，我們只有讚美祂的名。

當晚陪著他們在加護病房外好久好久，但我們再也沒有說任何話，他們只有不斷地向上帝禱告，而我則在旁邊不斷地自我對話與審問自己。「歐蜜你是位神學生，是研究聖經上帝話語的人，怎麼連這一位部落農夫都不如？你父親是牧師，母親烏帕賀．莉穆依又是虔誠的基督徒，歐蜜你憑什麼宣判上帝已死？你又算得了什麼？」類似這樣的自我反問及批判，在這一大段時間裡早已是司空見慣的事。但不知道什麼力量，那天晚上我沒有南下高雄，而是回到中壢大姊家投宿一晚。

又真又活的上帝

整晚難以入眠。那位父親的話反反覆覆在我心中攪動，即將失去摯愛孩子的痛，居然可以在信仰中得著那麼大的信心與盼望。因那句話出於《聖經．約伯記》，我再次找了大姊家中的《聖經》，讀著〈約伯記〉，一直讀到最後那幾章：「我從前風聞有你，現在親眼看見你。」（〈約伯記〉四十二章5節）。約伯在古代是位有智慧又富有又有信仰的人，居然在一夜之間盡然失去所有家人以及家產，從快樂的人生頂峯跌落到痛苦的深淵。長時間朋友的訕笑與批判，坐在爐灰中強忍著對上帝的信靠，又以沈默面對眼前這種種苦難臨到。讀到這本書卷，居然約伯推翻過去「傳統式的信仰」，前一代家族信奉上帝，他自然而然也遵循家族傳統信仰，但這個「信仰」從來沒有眞正進入到約伯生命裡。我好像約伯一樣，父親是位牧師，母親也跟著信主，全家人都跟著父親受洗成爲「基督徒」，但這個「信仰」只是家族習以爲常的「傳統信仰」，過去約伯只是「風聞有這個上帝」如今眞的「親眼看見了」。透過孩子父親的一席原諒的話與鼓勵的話，加上約伯的生命見證，我的心由冰冷漸漸感受到一股暖流進到心中，我也開始禱告並認我的罪，接下來那幾天我並沒有南下「尋死」，反而再次回到山上的家，不斷爲這孩子們及家人們禱告。在那時無意間讀到印度詩人泰戈爾的祈禱文：「我不祈求從險境中得蔭蔽，但求無畏地面對它。我不哀求痛苦得止息，但求一個克服它的心志。我不期望在人生的戰場上有幫手，但求自己剛強壯膽。在焦慮中我不渴望被他人解救，但望自己有耐心去克服它。求您（上帝）不讓我懦弱到安於您恩賜而得到的成就。只讓我失敗時，見到您拉住我的手。」詩人泰戈爾給我好大的激勵與溫暖。

從此，我的心由不斷的詛咒，轉化成積極的禱告與祝福。在信心的禱告中，〈哥林多前書〉十五章55節的宣告更是把銳利的劍：「死啊！你得勝的權勢在哪裡？死啊！你的毒鉤在哪裡？」

新的學期開始，我重新回到玉山神學院就讀，我的心也開始豁然開朗。那名孩子在長庚醫院結束就醫，原本被判定將永遠臥床不起，回到山上部落後，在信徒及家人不斷爲他祈禱之下，竟奇蹟地康復了。我相信這是上帝奇妙的作爲與恩典，這孩子開始在部落從事簡易的工作。我內心深深地感謝這位又眞又活的主上帝，「因他本爲善；他的慈愛永遠長存！」

1992年玉山神學院畢業同學合影（歐蜜左二）

我所認識的歐蜜

林益仁

歐蜜牧師寫了一些在玉山神學院受到造就與成長等激勵人心的回憶，這些經歷都讓我更明瞭爲何他常在街頭綁白布條爲原民權益抗爭的原因。但，歐蜜總有他的一些獨特方式。

以下是屬於歐蜜．偉浪牧師的冷笑話。

有一次，他與一位出家人一起開會，才剛自我介紹是歐蜜時，對方馬上雙手合十，接著虔敬地說「Omi 陀佛」（阿彌陀佛）。此時，牧師馬上機智地說：「是的，Omi 托福了」。於是，一場宗教對話的過招中，就在某種善意表達中船過水無痕地滑過。這是屬於歐蜜式的幽默，也是我所認識台灣原住民的敦厚與純眞，或許跟基督教教義不見得眞有關係。

作爲長老教會泰雅族的牧師，歐蜜的身影從來都不只在長老會、或是泰雅族而已。文中的照片是在基隆正濱漁港附近的勝利巷，我們跟一位定居在基隆且以做泡菜維生的韓國媽媽一起照相。歐蜜牧師以上課爲由，來認識我小時候長大的家園，因爲共同信仰的緣故，我們相信彼此家園是互相依賴，而不是彼此鬥爭與壓榨的道理。是這樣，我們也非常珍惜一個韓國媽媽以台灣的基隆爲家的事實，特別是他從原住民角度出發來理解這件事，更是別具意義。

在勝利巷不遠的地方，有一條彼此平行的成功巷，有趣的是要去成功巷之前，必須經過武昌街。意味著如果沒有武昌起義，就沒有勝利成功。這就是充斥在基隆需要被轉型正義的想像地理學。我用走讀的方式邀請歐蜜牧師進來我的基隆家園，一起思考共同的社會苦痛議題。反共復國的虛假政治口號，是我們青年時代的共同記憶，不管在山上，或是海邊，都是一樣的。但威權的控制，無法阻擋不同的人追求生存的強大意志，所以我們在基隆可以看到像是韓國媽媽的故事，她有提及了在不遠處韓國教會對於她的支持與照顧。

定居基隆以做泡菜維生的韓國媽媽（後左一）

我與歐蜜牧師在1990年代就已認識，我們同屬一個基督徒的生態團體：生態關懷者協會。但是更深入地認識他，是在2000年左右因爲馬告國家公園的爭議，我帶學生去他在復興鄉牧會的Pyaway（比亞外）教會生態教學，才有更多的互動。每次我與學生的到來，他都動員整個教會來接待我們，且與學生一起互動，這是我帶學生上山最美好的時光。兩天一夜的行程，教會的婦女動員爲我們準備三餐，一起用餐，週六晚上與青年以及會友同樂的文化之夜、上山採桂竹筍與吃不完的枇杷，晚上就分批住在族人家中，週日一起參與禮拜，學生們整個沈浸在泰雅文化的氛圍中，是現在逐漸商業化的部落旅遊行程難以相比的。在這當中，我看到歐蜜竭盡所能地將信仰、文化與部落做出最大限度的結合。他的信仰是貼近土地，聽得到人民呼吸的具體實踐。

於是，我們不僅是學生，有更多關心生態與原民運動的夥伴更常以Pyaway爲基地，相較於更深山的新竹阿棟牧師所在的鎮西堡教會，這個教會成爲另一個選擇所在。我們在此進行傳統領域以及部落地圖的工作坊，甚至有一次到拉拉山去抗議林務局委託顧問公司爲巨木命名的動作。

我記得有一次的部落培力工作坊，我們花了三天的時間，由來自不同部落的泰雅族人拼湊出泰雅族的傳統領域，並且討論部落生態產業的可能性。其中，我們假設了一個題目，就是開發部落溫泉礦，由角色扮演的情節來推演可能的做法。最後的結論竟然是不開發，理由是部落自主的能力尚且不足，開發的前提必須建立在部落整體獲利，不是少數人得利，更多的教育以及溝通是必要的，急著融資找錢與開發，最後都是落入財團手中。

這些林林總總的工作坊記憶都是與歐蜜在教會中採取的社會福音路線有必然的關係。如今看到Pyaway部落卓然有成，常常成爲原民可持續部落的模範，歐蜜牧師的遠見與扎根工作確實很難不提。作爲牧師，歐蜜做的工作儘都是撒種與培育的基礎功，不求回報的信仰態度的確是現世難尋的，那一次因爲他來基隆上課的緣故，我們徹夜長談。談到他投入政治的想法，我們是原民與生態社會運動的老夥伴，心中不免有一些感觸。做政治，其實可以有許多不同的方式。留在教會，以牧師的身分投入社會改革的運動，是一種做法。而更徹底地投入政治成爲專職的政治工作者，則是另一種選擇。都是做政治，但後者顯得險惡更多。在深夜中，我仔細地聆聽他的思索。這樣的經驗，在2002年我在夏威夷飛回台灣的飛機上，也聽同行的阿棟牧師訴說過。那年回來，他旋即宣布參選新竹縣議員，我獻上人生中唯一的上台助選演講經驗。

台灣的原民政治亟需高超政治志節的leadership，這種領袖特質簡單來講，就是無私。只有無私，才能避免利誘的陷阱，點燃更大的無私力量，也才能團結不同的原民族群。幾年前，民進黨不分區立委在原民界引發一些波瀾，雖然很快就平息，但我卻從歐蜜口中聽到一段故事，讓我心有戚戚焉。主要是，名單消息一出，歐蜜並未如預期在安全名單之列，民進黨派系共治的提名令人莫測高深，不久歐蜜就接到預定列名第一的原民代表的電話，歐蜜的做法是請對方先讓他講，他於是誠摯地祝福了對方，並表達全力支持之意，不希望雙方在此一議題上有任何造成嫌隙的機會。這是歐蜜親口告訴我的，我相信老友的話，雖然常理推斷極其不易，但我寧願相信在現今險惡的政治文化中，原民的單純與分享信念尚有一絲存在的地位。

如何才能將原民的整體權利透過選舉政治的方式提出，歐蜜從以前一直到現在，都一直默默地在做了，眞的不是一定要等到做實了民意代表，才要開始啓動。有時，我還寧願他晚一點成爲民意代表，或許這樣他還會有更多的時間來整備他的實踐藍圖。Omi，托福，托你的福了。Lokah，這條路應該比預期的還要艱辛，但是有上主的護佑，雖不是一條易路，卻是作爲一個牧師基於信仰的緣故，必須走上的義路。祝福你。

. BOX .

〔家園對話〕

來自基隆正濱漁港的邀請

林益仁

「我們生活在不只是人類的世界裡。爲了讓生命繁盛，我們必須聆聽這個世界對我們所做的呼籲，用關懷，敏銳與審愼的心去回應。這是『呼應』（correspondence）的原意。用我們的生命參與在那些存有，物質以及跟人與物有關的元素，我們寓居於地。」 ——蒂姆·英戈爾德（Tim Ingold）

三年前的某日午後，我跟敬愛的Omi Wilang牧師通電話，提到自己過去二十年，投入許多時間認識泰雅族的歷史家園，並且跟夥伴一起參與無數守護行動，像是Pyaway的部落營造、馬告國家公園、司馬庫斯櫸木事件、扁柏盜砍的sbalay、部落地圖、傳統領域以及小米方舟等。這些事情就如一縷青煙，稍縱即逝，心中頗有虛無感慨。說眞的，這種感覺至今還在。然而就在最近，看到Omi一篇一篇的自述貼文，才驚覺自己所經歷的泰雅事件，在族人的內心世界裡竟是如此深重與難耐，豈是用一般言語可以講明的苦痛。Omi所講的親身故事，是值得用心呼應的家園歷史。這種呼應，不是對外，而是向內。Omi向內關照自己的生命，也促成了我對內的反省。

我同時領悟，過去自己所聽聞與訴說的都屬片面，幾乎就是一個非原民學者一廂情願地對原住民夥伴守護家園的期盼與想像，確實離當事人心靈世界還有遙遠距離。然而，這應該已經是我的極限了，再怎樣的native point of view（當地人的眼光），都還是外人的眼光。最近，在我跟Omi彼此的對話中慢慢認清，與其一直想要對泰雅家園多一點理解，何不反身，回頭看看自己的家園。在漫漫的歲月中，我從來沒有想過邀請原民夥伴來認識我的家園。甚至，必須羞愧地講，我可能也不是那麼地認識自己的家園。

正濱漁港（林益仁提供）

相較於原住民，我有歷史家園嗎？這是個大哉問，因爲它暴露了我作爲墾殖者後裔的身份。但難道認識這樣的身分且進一步問自己的家園在哪，不重要嗎？在基隆正濱幾年的「回鄉」經驗中，讓我感受到這個地方竟然是許多異鄉人共同的家園，因爲海港的特性，漁業的發展，將近一百年，這個地方養活了形形色色的人群，很多人在此成家立業，甚至包括阿美族原住民都是這裡的外來移民。眞正最早住在這裡，考古學家所說的馬賽人，其實還在我們當中，只是不容易辨認。

在基隆正濱這個地方，絕大多數是異鄉人。我們有家園的想像嗎？我向Omi提出認識基隆家園的邀請。三年前，我與在地的青年團體一起規劃了二十條走讀的路線，邀請我的研究所學生一起來探索從正濱出發的歷史家園，不同的人群如何在此安身立命建立家園，共存共榮的故事。其中，「人群／地衝突與戰爭」是一個大主軸，資源的搶奪與分配凸顯了這個「社會 — 生態系統」中的文化政治。大歷史中有一些可歌可泣的小故事，就從自己的家園開始講起。我想，這是我探索了將近二十年的泰雅歷史家園經驗給我最大的動力。我稱之爲「家園互依」，冥冥之中這些家園之間彼此出現一些巧妙的連帶。不只是基隆地方歷史裡的異鄉客，竟然也包括了Omi這位泰雅人在基隆中學的一些回憶，以及我在泰雅部落的經驗。這種家園互依，有點奇妙。

前天晚上，我在線上基隆走讀課程跟同學聊到這樣的心情。在基隆我居住的角落，有我的故事，這些故事裡面也有很多別人的故事，我show出一張基隆港灣的古地圖，上面標記了不同人群在不同時期來到基隆的紀錄。同時，我用google map導覽了爲何火車站前「忠一路」與「仁二路」會是在同一條路上，它們與有名的「崁仔頂」魚市有何關係？而這些又與常常在附近盤旋的黑鳶(老鷹)族群的關聯何在？原來，不管是不同的人或是非人，都一起參與了同一個生態體系的複雜關係，但人總是自作聰明地加上一些政治權威名號，以顯示自己的偉大。

我也show了六十多年前，在正濱漁會對面山腰上的正濱教會舊照，這是我小時候的家，父親年輕時在教會空地的照片以及背後的台灣八大美景之一的景觀。這座教堂的改建，後來牽動了整個地方的空間變化，基隆的地狹人稠，從正濱教會空間的發展歷史可以清晰地描繪出來。換句話說，在我小小的家園中仔細地追索，竟然依稀可見一些時代與地方變化的結構脈動。

基隆與Omi所描述的泰雅家園有很大的不同，但我們都共享了一個大時代的背景，小小的人物，在不同的地方，但同樣在巨大的時代洪流中掙扎求生，找尋意義，我們在講自己的故事，有趣的是這裡面有別人的故事。

「我們所居住的這個世界，不只有人類。爲了生命能夠繁盛，我們必須傾聽這個世界對我們做出的呼喚，並且用心、用感受與判斷力回應。這就是呼應的意義，呼應是將我們的生命與其他存在、事物、元素的生命相連結，我們與這些生命共同居住於地球。」——蒂姆·英戈爾德

part 3

投入社會運動，對解嚴前後台灣的回憶

1
東埔挖墳事件：
我的政治啟蒙之一

埔挖墳事件

1987年是個重要的年分，對我而言並非蔣經國宣布台灣解嚴，而是早幾個月發生在南投信義鄉的東埔挖墳事件。這是我政治啓蒙的重要時刻，就在台灣迎接民主的黎明之際，我看到了原民的命運依然是在殖民者的大力宰制之中。

當時，我還在玉山神學院唸書。在東埔，外來的漢人爲了開發溫泉觀光，竟然與地方政府勾結，以遷葬之名，強挖布農族人的墳墓。這個消息是由學長Atung Yupas（阿棟．優帕司）與Utux Labak（烏杜夫．勒巴克）傳回玉山神學院來，聽來令人震驚與悲痛，於是我們透過學校學生自主團體「牧羊會」與校方開始組織號召，準備前去東埔聲援。因事態緊急，我負責開車與一些後勤支援，連夜由排灣族老師童春發牧師領隊，連同約十名學生，一行人三部車從花蓮越過大禹嶺往台灣的中部挺進。

上： 抗議挖原住民祖墳 （攝影：邱萬興）
下：玉山神學院師生抗議漢人為了開發溫泉觀光，竟然與地方政府勾結，以遷葬之名，強挖布農族人的墳墓 （攝影：邱萬興）

到了東埔，教會駐堂牧師——個子不高、留著鬍子的伍賜福牧師用悲痛的語氣向我們訴說苦境，沒講幾句話眼淚就落了下來。現場的情況太慘了，被挖出來的屍骨就放在空地上。部落的人親眼見到先人的骨骸被如此不敬地對待，受到了極大的衝擊。為了開發溫泉旅館，竟然可以做出這麼粗暴的事。同為原住民，我們在當下都對布農族人的痛苦憤怒感同身受。

在南投縣政府前抗議的現場，聚集了部落內外約數百群眾，還有我們這些來自玉神的非布農族學生，由玉神布農族老師司雄牧師宣讀抗議文。我記得當時Utux背著沈重的擴音器，以大型蓄電池發電。Atung隨著遊行隊伍沿路聲嘶力竭地控訴政府與業者的不當行為。我負責遞水、打雜、指揮交通。走在隊伍中，我的心情激動與澎湃，身為原住民一再承受的苦難，從小到大親眼看見的種種不公不義，也在我心中被喚起。面對這樣的憤怒與控訴，當時該負責任的縣長吳敦義竟然落跑，只由副縣長來應付場面。

帶著社運經驗回到玉神

東埔挖墳事件，雖然距今已經三十多年，但是當時的情景在我心中依然深刻，也成了我後來關心族群命運以及社會政治的重要啓蒙時刻。事件過後，當我們回到玉神，在勤讀聖經與靈修之外，在言談之中也多了許多對於政治與社會的關懷。爲此，有些學生開始畏懼與我們爲伍，他們長期身處威權體制的教育，一但聽到有反政府的言論，便以爲是邪說歪道，更不要說在學校裡亦存在著監看的細胞與抓耙子，隨時通報我們這些所謂「不良」的分子。

但慶幸的是，玉神有像是高俊明牧師與楊啓壽牧師等人格者，在我們之前已經立下典範，所以我們這些爲公義出聲的行爲，大致上在學校是受到包容的。甚至有些老師在講堂上，也會引用一些例子來啓發我們，像是有一位阿美族老師張明佑（吉魯辛系）牧師，上課時會用錄音帶放韓國民謠〈阿里郎〉，告訴我們在南北韓戰爭中這首歌背後令人椎心的故事。

阿里郎

阿里郎　阿里郎　阿拉里呦
我愛我的阿里郎多麼美麗
青山又綠水永遠陪著你
從來不會和你分離
阿里郎　阿里郎　阿拉里呦
我愛我的阿里郎多麼神奇
剩下一個我還有一個你
我倆永遠生活在一起
阿里郎　阿里郎　阿拉里呦
我愛我的阿里郎多麼美麗
清山又綠水永遠陪著你

張牧師說，韓戰時以北緯三十八度線爲南北韓交界，當南韓士兵被北韓擄獲，北韓爲打擊南韓士氣，會特意將南韓戰俘帶往三十八度交界處的小山崗上處死示衆。甚至還在行刑前，用巨大的擴音器廣播即將處決的南韓士兵名字，讓在三十八度線另一邊的人聽見。於是，身在南韓的父母與家人們，噙滿淚水眼睜睜看著摯愛的兒子一步步走向死亡之途，卻什麼也不能做。錐心泣血之痛使他們由衷吟唱起韓國的民謠〈阿里郎〉這首歌，內心深處寄託著不論生與死「我們永遠在一起」。

張牧師以〈創世記〉二十二章2節亞伯拉罕獻兒子以撒的經文呈現一個苦難至極的處境，就像韓國的父母看著子女走向死亡。即使在那樣苦難的處境中，仍要心存信心與勇氣，更重要是敬畏及謙卑順服在上帝眞理的道路。因爲沒有任何事與物，即使是死亡的鎖鏈，也無法將我們與上帝的愛隔絕。

在當時，我們開始飢渴地閱讀較有批判性、甚至被禁止的政論雜誌，像是《人間》雜誌中報導弱勢族群命運的文字，以及逮到機會便去聽黨外的演講等。往往，這些都會讓我感到熱血沸騰，也開始思索這些社會議題與我的信仰之間的關聯性。

當然，在學校裡並非每一個人都像我一樣，也有屬靈的人覺得必須遠離政治的討論，但偏偏我又被「牧羊會」選爲靈修部部長。這是一個極大的挑戰，社會運動如何跟心靈的修煉彼此調和？我被放在那樣的處境底下磨練。於是，我開始思索，先知的禱告該是怎樣的內容？如何在苦痛的社會處境中，尋求上帝的旨意，以及表達自己的社會行動？

在這些磨練的過程，〈出埃及記〉三章7節的經文最能夠安慰我，與安慰一起禱告的同工。它是這樣說的，耶和華說：「我的百姓在埃及所受的困苦，我實在看見了；他們因受督工的轄制所發的哀聲，我也聽見了。我原知道他們的痛苦。」

看見了，聽見了，於是成爲我的安慰。相信上主必定保守，也成爲我日後認定「街頭作爲我的祭壇」的支撐力量。我想到泰雅語彙中的Hayung ，是二葉松乾燥後所製的片材，因爲滿富油脂的關係，所以自古就是泰雅族的蠟燭。一但成了Hayung，就注定被點燃的命運，也就是繼續地燃燒。回想起來，東埔挖墳事件在我人生中，應該就是將我點燃的那個契機吧！

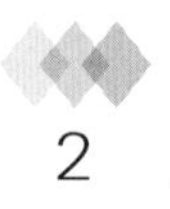

2
反雛妓運動與中國行：我的政治啟蒙之二

反雛妓運動

我想到《聖經》中耶穌與妓女的一段記載，耶穌說：「你們中間誰是沒有罪的，誰就可以先拿起石頭打她。」當耶穌說了這句話，〈約翰福音〉的作者這樣寫著，「他們聽了這話，從年長的開始，一個接一個地走開了。最後，只剩下耶穌和那站在中間的婦人。」（中文標準譯本）

解嚴後，台灣的各式社會運動風起雲湧，原運也是一樣。我在玉神的日子開始變得不太平靜，學長姐在實習中不斷傳來原民處境艱困的社會寫實，其中令我們悲憤不已的就是人口販賣與原民雛妓的掛連。

當時內政部的統計，花蓮縣秀林鄉與桃園復興鄉，是人口販子誘騙原民販賣年輕少女最為猖獗的地方。鳳凰花開，唱畢業歌的時候，人口販子就到學校門口等著帶走少女。雛妓問題背後的原因，往往是因為父母欠債。而父母的欠債，又和原住民在消費社會、貨幣經濟中的弱勢位置有關。

被認定為人口販賣高危險區之一的桃園復興鄉，正是我出生成長的地方。我們也都知道當地存在這樣的情況，甚至也知道，同鄉中誰是牽線販賣人口的人，也曾經舉報過她。其實，她自己也曾是人口販賣的受害者，後來卻成了這個產業鍊中的一部分。後來這位牽線者因為吸毒入獄，在獄中過世。知道她的死訊後，我們也曾試著去瞭解，是否有獄中不當虐待的情況？畢竟憎恨她的人很多。但最後了解的狀況，並沒有證據。

這些陰暗的真相，讓我痛徹心扉，不知如何面對家鄉的黑暗面。但《聖經》的話語帶來一絲盼望，原來耶穌道成肉身，是來找罪人，不是義人。我們都是有罪之人，在重重的罪惡結構的捆綁之中。玉神社會福音的啓迪，要我們去認清不義的社會結構，並在其中找尋出路。

台灣基督長老教會彩虹婦女事工中心主任廖碧英在1986年成立「彩虹專案」，開始救援雛妓。玉神的兩位學姊陳秀惠、陳美珠，投入研究雛妓問題。在她們的影響下，我們也更深入認識問題。我和同學曾到花蓮，到性交易的場合嘗試訪問性工作者，但是我太沒有經驗、太緊張，最後什麼也沒問到。後來回想，訪問的田野，其實就是我在貨運公司做工的時候，老闆與小黑晚上會去的地方。

救援雛妓，抗議人口販賣 （攝影：邱萬興）

1988年，我和許多玉神的同學們都到華西街，參與反雛妓大遊行。

在前仆後繼的救援行動中，我跟隨先行的前輩們一點一滴認識這個複雜的世界。難掩心中的悲憤，有時只能在街頭與無數次的救援行動中，透過吶喊來表達。但另一方面，我也試著追索這些殘酷事實背後的來龍去脈。

中國行

同年，五二〇農民運動，我和同學也前往支援，我們手拉手變成一條人鏈，站在軍警和農民之間，試圖保護農民不要被打。軍警衝撞中，我的手肘受到被重擊。旁邊的同伴則遭受電擊。還有人被水柱衝擊。即使是在一片混亂中，我看到遠處還是有人一直舉著長老教會的旗幟，相信應該就是我們的同學。五二〇是那年衝突最激烈、執法方暴力最升至最高的一場街頭運動。抗議的農民受到挫傷，後來很多年噤聲，不再表達不滿。

《人間》雜誌大幅報導湯英伸、雛妓問題，令我們玉神的學生非常激動。我們幾個人去認識了《人間》的創辦人陳映眞先生，去到他的書房並且與他懇談。他有一種發自宗教的悲天憫人胸懷，這是我能辨認的。但坦白講，他的另一部分，我就極為陌生，簡單來講，就是那種嚮往中國的社會主義思想。

因爲有過這些接觸，一九八九年陳映真先生組了一個前往中國的考察團，叫「台灣娜魯灣文化訪問團」，其中有我的學長Atung、Utux牧師，我也參加了，期待去了解中國少數民族的相關法律，及中國治理下的基督教現況。那是我第一次認識中國。在北京我們受到熱情的接待，市長、中央級的幹部、少數民族代表與我們把酒言歡，吐魯番的代表高興抱著我說：「我們痛痛快快地喝吧！」

但在行程中，卻感覺苗頭越來越不對。粗糙的統戰、各種樣版作態，讓我們感覺非常不舒服。行程不到一半，台灣的代表團內產生了嚴重的意見歧異。我們幾個人不想再附和那些虛僞的假象，Utux藉故先行離開回台，我和留下的幾位也拒絕配合。

這趟旅程中，我們被安排與一些少數民族藝術家見面。原本以爲能有眞誠的談話，結果這些藝術家幾乎全都是同一個格調，所說不外「一切成就都是歸功於黨」等等，對我們宣揚祖國的進步與共產黨的德政。爲什麼連藝術工作者都這樣，沾染政治的混水？這個問題困擾著我。回到玉山神學院後，我到圖書館查《西洋哲學辭典》裡面對藝術家的說明，書中寫著：

「藝術家是一個能透視一切存在物的最裡層基礎的人，

他能夠直達神的創造性觀念；他是創造者，能夠把透視到的觀念在作品中表達出來；透視與創造對他而言是同一件事。藝術家雖然也受時代及其個人情況限制，卻能超越自己，而成爲先知，在人間成爲存在的照明者。」

我在中國見到的藝術家，和這段描述正相反。黨希望你看到的，是它要你看的。而不是你眞正想要透視、想要創造的。民族的文化淪爲黨宣傳的機器，眞的是太悲哀了。

我記得自己在小時候，也曾因爲黨國教育和父親發生衝突。有一次電視上播放著愛國片《英烈千秋》，一名國軍在地面上拿著槍，打下了天空中的日軍軍機。父親罵道「巴格野鹿，騙人的」，就把電視關了。我生氣地回罵「你是不是中國人？」話一出口，立刻挨了父親一巴掌。

長大之後我才明白，父親當時的憤怒是怎麼回事。父親受日本教育，受外國宣教士孫雅各的感召，成爲原住民第一代的長老教會牧師。他的個性嚴肅，在家很少露出笑容，總是要我們在果園勞動，小時候我很想離開這個家。其實，他或許也感到很難和我說話，因爲無論是他所受的教育，或他親身的遭遇，都和我在學校被老師教導認知的有極大的差異。泰雅族有兩位前輩，在白色恐怖中犧牲了生命，一位是出身大豹部落的醫生樂信．瓦旦（Losin Watan，漢名林瑞昌），另一位是出身武道能敢部落，曾任大溪警所巡官的高澤照。而高澤照就是父親的老師。

我們是生命，不是樣板

一趟中國之旅，我意識到北京的殿堂上高唱的族群統一言論，與我從小受到的教育並沒有兩樣，都是要把我們改造成不是我們的人、改造成樣板。矛盾的是，長久以來在海峽兩岸敵對的雙方，竟然共同依循這種主流的大中國思想。

在我的信仰中，「合一」常是一個追求的目標。我們願意去認識，尊重與自己不同的人。像我的父親對待住在部落周遭的外省籍老兵，那是生命對生命，平等的相處。這是我從父親身上及泰雅的文化中學到的：我們尊重生命，與身邊的生命互動，但不強迫別人和自己一樣。不同的生命，可以在互動中合一。

但我在中國參訪團中經驗到的，是一種令人極為不舒服的攏絡、威逼與屈就。它要的是霸權底下的「同一」，而不是尊重生命的「合一」。要的是樣板，而不是生命。這違反了我心中已經滋長追求自決的心意。從中國回來後，我從小被灌輸的大中國的思想更加粉碎。

「我是誰？」這個大哉問，必定曾發生在許許多多，像我這樣曾經受到黨國、漢化教育的原住民身上。但是施行這些教育的人，並不了解，也不在乎原住民。他們心中有的只是樣板或工具。就像那些稚嫩沒有自主權的原民少女，在無知的狀況下被親人與人口販子推入火坑，沒有人在乎她們是誰。相較於那些悲慘的少女，我作爲原民從小到大所受的教育，似乎也只是在服務一層又一層更大的政治權威與操弄。我們的自決與自主究竟在哪裡？

當時的我，一時無法回答這些問題。但回到耶穌的教訓，我卻記得耶穌對那妓女說的話，他說：「婦人，他們在哪裡？沒有人定你的罪嗎？」婦人回答說：「主啊，沒有。」耶穌說：「我也不定你的罪。你回去吧！從今以後不要再犯罪了。」

耶穌並沒有教婦女該怎麼做，也沒有定罪，耶穌給了這位婦女一個自由，一個自決與自新的機會，一個不要重蹈覆轍的原則。對我而言，這無疑是天啓，是走向追求自由與救贖的啓發，經過多年的淬鍊與挑戰，我逐漸認出從東埔挖墳事件、雛妓事件等社會運動的投入與參與，確實是反芻我政治信念的一個關鍵啓蒙。

台灣面對中國的威脅——有明的威脅，也有暗中的影響——倘若缺少主體性的思考，容易迷失。原住民的文化與反思，是台灣主體性重要的一部分。當我們面對中國這個比我們更大，擁有更多人口，總是振振有詞的「大國」時，我們原住民身爲少數族群，經歷過苦難，在這塊土地上與各種人群互動，而產生的種種動態的思考，對認同的體會，是台灣絕佳的養分。讓我們對「何謂眞正的家園」有深刻的認識。

3
我的野百合學運：一段少為人知的原民學生經驗

絕食的神學院學生

學運，對我們這些沒有納入在教育部管理體制的玉神學生而言，是一段特殊與少爲人知的經驗。它的特殊，一方面是我們本來就是體制外，另一方面是我們的價值選擇來自信仰的堅持。

1990年三月，我的社會與政治啓蒙因著東埔挖墳，拯救雛妓與湯英伸等事件逐漸成熟，那一年我參與了環保聯盟在高雄半屏山的考察，探討水泥業開發如何對環境造成巨大的破壞與影響。在行程期間，電視上看到台北的中正紀念堂有學生聚集，對於政府體制表達不滿。於是，我就離開高雄，一個人搭夜車趕到台北中正紀念堂。

在那裡，我聽到東海大學社研所學生方孝鼎清楚地陳述集結的訴求，主要是針對萬年國會的荒謬，以及「動員戡亂時期臨時條款」違反民主，提出憲政改革的呼籲。1987年參與社會運動以來，看到原住民的苦痛、現行體制的荒謬，我對這些訴求深有所感，於是在很快的時間內，就決定加入方孝鼎所發起的絕食行動。

我是第六個參與絕食的學生，相較於當時在廣場上的數千名學生，我們的舉動是更具張力的。我一方面絕食，另一方面也將訊息傳回玉神。在學校裡，學生們看到媒體報導，學生自治會的牧羊會已經召開會議討論聲援事宜，但如我前述，學生的意見還是分爲兩派，彼此辯論。在此同時，我的泰雅族夥伴魯薩．達路、Miyung李有德、Yara Pihu蔡成功、諾瓦．歐洛等人已經耐不住性子，沒等到結論就一起衝到台北與我會合了。

其中，身體不好在洗腎的Miyung一來就直接加入絕食行列，但因身體不支，半天就送醫急救。當時三月的綿綿細雨，絕食靜坐的狀況不佳，印象中一開始時有人因天冷身體發抖，心中恐懼，擔心家人，哀哭，甚至寫遺言等，現場唯一支撐的眞的只剩下一股信念。而我所憑藉的除了那初初萌芽的政治信念以外，就是從小相伴相隨全心依靠上帝的信仰。後來，玉神牧羊會與校方的結論出來，決定全力支持學生的行動，並將當週定爲「民主教育週」。於是，更多學生從花蓮來到了廣場，約有30人之多，玉神全校四分之一幾乎都加入了絕食的行列。

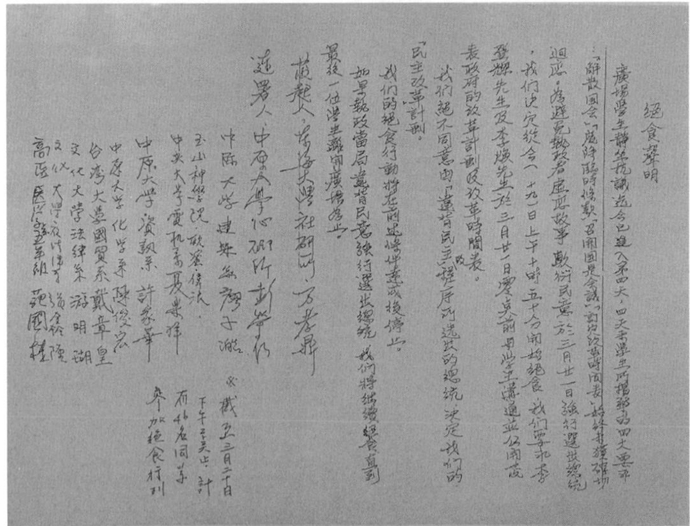

絕食聲明

廣場學生靜坐抗議迄今已進入第四天，四天前學生所提部分四大要求：「解散國會」「廢除臨時條款」「召開國是會議」「訂定改革時間表」始終未獲確切回應。為避免執政者虛應故事，斷然民意，於三月廿一日強行選出總統，我們決定從今（十九）日上午十時五十分開始絕食。我們要求李登輝先生及李煥先生於三月廿一日零點前出席廣場溝通並公開發表政府的改革計劃及改革時間表。

我們絕不同意由「違背民主」程序所選出的總統，決定我們的「民主改革計劃」。

我們的絕食行動將在前述條件達成後停止。

如果執政當局違背民意強行選出總統，我們將繼續絕食，直到最後一位學生離開廣場為止。

發起人：東海大學社研所 方孝鼎

連署人：中原大學心研所 [illegible]

中原大學建築系 [illegible]

玉山神學院 歐蜜．偉浪

中央大學電機系 夏[illegible]

中原大學資訊系 許家華

中原大學化學系 陳俊宏

台灣大學國貿系 戴章皇

文化大學法律系 游明湖

文化大學夜間部 [illegible]

高醫醫學系五年級 范國[illegible]

截至三月二十日下午三點止，計有[illegible]名同學參加絕食行列

上：野百合學生運動（攝影：邱萬興）
下： 歐蜜偉浪參與野百合絕食連署（名單中的第三位） （攝影：邱萬興）

廣場上響起泰雅族語

我們的絕食行動，其實極其單純，並沒有參與到任何核心的決策討論。但由於學生越來越多，意見也越來越多元，所以有必要讓參與的學生組織都能夠自由地表達意見。有一次，我代表玉神學生上台發言，當我站到台上時，應該是有史以來我面對最大的群眾。當司儀介紹我是玉神代表後，我都還沒開始發言，突然間，群眾中傳來一陣只有原住民才有的響亮聲音，激動且熱情地用泰雅語喊出：「Omi Wilan, lokah ki, laxi kngungu.....！歐蜜．偉浪加油！不要懼怕」當時學生們因陌生語言出現還沒回過神，我的眼淚已經不由自主地注滿眼眶，因爲我馬上就知道那是我的玉神學長多奧．尤給海（黃修榮），我在玉神的重要政治啓蒙者在台下的吶喊與鼓勵。他的喊叫，讓我在面對陌生學生群衆時，就更沒有懼怕了。

當時，我在準備陳述我的民主理念時，腦中一下子浮現唱歌的念頭，當講話不容易表達時，用唱的就是了，這是我們泰雅族古調Lmuhuw的溝通精神。所以當我在台上講完一段話後，我就說，我來唱一首《國際歌》，這是我在URM，Urban Rural Movement（城鄉宣教運動）的訓練班中學習到的歌曲，慷慨激昂，且歌詞中有許多激勵人心的語句，例如：「起來，飢寒交迫的奴隸。起來，全世界受苦的人」，字句都刺到我作爲原住民的受苦處境。現在講《國際歌》，或許有更多人知道這是著名的共產主義運動歌曲。但在當時，我猜想沒有很多人知道，就連我自己也都不知其中歌詞的唯物意涵跟我的基督信仰，其實是頗有違背的。但當時以歌代講，卻眞的是能夠帶動現場的情緒，並且用自己原住民的方式來表達，是我現在想起來印象最爲深刻的一段。

我們玉神原住民學生參與的學運，其實在坊間學運歷史中並沒有太多的著墨。我特別回憶這一段，並非要表彰玉神學生參與學運的功勞。事實上，我們當時眞的就是單純地去，也單純地離開。現在台灣所有人都知道，在台灣民主化的過程中，發生過關鍵性的「野百合學運」。但是很少人知道，最早進入廣場絕食的學生當中，有一批是來在玉山神學院的原住民。不知道廣場上曾經響起，多奧用泰雅族族語高喊的一聲：「Lokah!」（加油！）

後來，我感到學運的決策漸漸複雜。有傳聞說，國民黨的勢力滲透到決策圈中。而我們也離決策越來越遠，決策對我們來說越來越不透明。於是我就對學弟們說，第三天了，我們就慢慢離開，一個個走，不要影響這場運動繼續進行。後來我才知道，台南神學院、台灣神學院也漸漸退出了。離開廣場後，我還是繼續回到我長期關注的原住民問題。

這次參與，成爲我們在神學院學習以及日後牧會生涯面對原民處境與信徒培育的重要養分。它養成了我在信仰與社會參與之間彼此對話與融滲的習慣。我不敢講說，那是一種政治神學的思考，但就實踐面而言，我們的確是做出了一些努力，這些努力不是在書本中抽象的理念討論，而是真的去做，真的去參與，並且從中進行深刻的反省。而我要說，這個反省到現在都還在持續中。

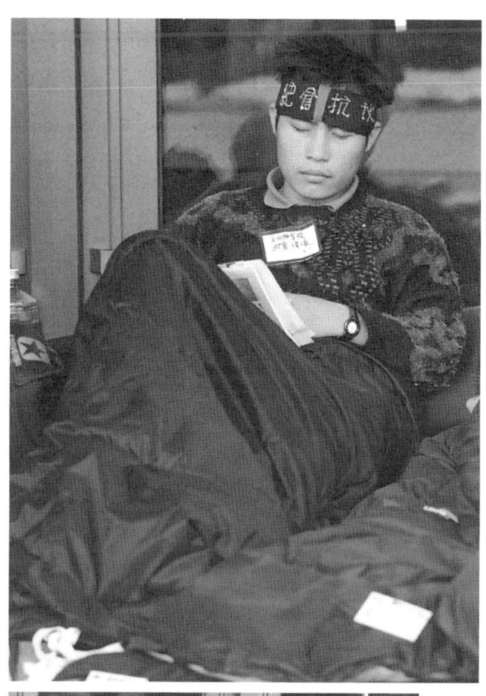

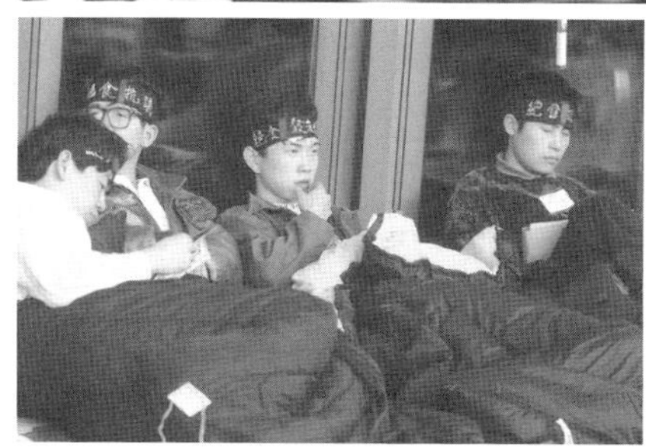

上：歐蜜偉浪參與野百合學運的絕食行動（攝影：邱萬興）
下：歐蜜偉浪右一

4
愛與非暴力：我的URM經驗

URM與台灣的社會運動

如果台灣有「社會福音」的種子，無疑地URM（Urban-Rural Mission，城鄉宣教運動）是其中之一。值得一提的是，我的政治啓蒙有很大一部分是來自於URM的訓練。在台灣的1990年代，它是一個社會運動策略，也是一種宗教運動。作爲一個玉神的學生，我對於社會的想像，以及信仰上的反省，都同樣接受過URM激烈的撞擊。

當時台灣剛解嚴，要能跳脫黨國教育與社會主流價值的影響，能夠獨立思考，看見眞正的問題何在，並不是件容易的事。特別是原住民的處境。我們想要跳出不公的宰制，就必須訓練自己思考與行動，但是該怎麼做？

林哲夫（Albert Lin）教授在URM中提供給我們的訓練，是引導我們替自己把脈，看見自己、看見部落的事究竟痛在哪裡？造成痛的原因是什麼？而我在這些課程中，經常反省到一切最根本的原因，首先出在我自己：我就是問題，因爲我沈默，因爲我無知，因爲我沒有覺醒，因爲我輕輕放過……。

這樣一次次在反省中覺醒後，我不停留在自責，而是決心解決問題。URM的訓練要求我們面對社會實況，進行自主的思考與分析。我們不高談學術理論與知識，但要嚴肅地面對問題的本質，思考實際的方略。分析把脈後，我們要辨認，誰是我們這一方的人？誰是問題？例如雛妓問題。正如前面說的，如果在蹺蹺板末端、施力最大的人就是部落自己的人，是部落的人參與了買賣人口，我們要如何讓他有羞恥感、改變他，把他從蹺蹺板的末端拉到中間？

歐蜜擔任URM助教

偶而我們會被提點，如果耶穌生活在當代，例如在原住民的處境中，他會做什麼？或是，耶穌所教導的禱文中，「願祢的國降臨，祢的旨意行在地上，如同行在天上」這些內容，究竟是什麼意思？這些問題，特別是在我一連串看見層出不窮的原民苦痛案例時，常常讓我困擾、揪心、難解，但卻又揮之不去。似乎，這些質問都是針對我自己的處境而來，它的迫切與無可逃脫，逼使我必須眞實地去面對，找到出路。URM的訓練，於是成爲我受教育過程中眞正的養分與知識來源，眞正有別於我過去所受虛假，歧視且充滿規訓以及控制的黨國洗腦教育。

這種走向，眞的跟我所遇到一般大學生的訓練大有不同。眼高，腦大，嘴巧，但手低是很常見的通病。林哲夫教授與耶得嘉・費爾（Edgar File）牧師是我在URM的啓蒙導師，他們同時是加拿大大學的教授，也是對於台灣這塊土地有深厚感情的基督徒。在風聲鶴唳的1990年代，他們都是威權的國民黨政權控制下的黑名單人物，但是卻基於基督的信仰，願意投入在這種吃力不討好的工作坊訓練中。

耶得嘉・費爾牧師

我們的訓練基地往往選在農村與原住民部落，新竹尖石鄉的鎮西堡教會，常是我們訓練的地點。我印象當中，在工作坊裡我們都必須學習做調查、分析，並且透過許多的討論，發表自己的意見與尋求彼此的理解，甚至做出行動的策略。每當我們遇見困難，希望兩位老師提供指點，他們總是要我們再想想，透過衆人的集思廣益來尋求解決。這樣的討論，在剛解嚴後的台灣是滿進步的。因為在威權的時代裡，總是有許多由上而下的指導性做法，但URM的訓練並非如此。一種自決與自立的精神，得以在此淬鍊而出。

抹布哲學

不僅如此，Albert老師在訓練中，常常跟我們提及他的「抹布哲學」。什麼是抹布呢？就是一種不可或缺的日常工具。第一，它必須有用; 第二，它必須在我們的日常生活中。抹布——發揮一種不可或缺，整理家居，維持清潔的關鍵功效，但是，它很不起眼，甚至被嫌惡，必須藏身在角落但卻容易取得的地方。簡單來講，「抹布哲學」就是一種犧牲奉獻的服務精神，但它卻是URM中重要的領袖訓練，任何要帶頭的行動者，都必須要在細節上有起而行的服務精神。我印象很深，有一次我們這些學員熱烈地討論議題到半夜時，我因隔天必須開車離去，時間很短必須休息。Albert老師默默地在我沒有注意的時候，在半夜親自幫我清洗換洗的衣物，並且晾在竹竿上。我清晨要離開，Atung師母才告訴我，原來Albert老師已經幫我處理了日常的所需。他看見我的需要，並且在細節上親自實踐，這事讓我深深地感動。這就是URM的實踐精神。

就我所知，當時玉神的學生大概有三分之二曾經加入URM的訓練。在訓練中探討的議題，也不是空談，而是由學員自主，以和平與非暴力的精神去實踐。例如拉倒吳鳳銅像的運動，就是在1988年度的最後一期訓練課程中，原住民學員設計出來的方案：要透過拉倒銅像的行動，一舉摧毀由國民黨建構出來、污衊原住民形象的吳鳳政治神話，並且凸顯眞相。

吳鳳事件我沒有參與，和我睡上下舖的多奧．尤給海去了。要去拉倒一個威權的象徵，會有怎樣的後果，誰也不敢說。多奧出發前勇敢但是悲觀地說，說不定這次回不來了，「你自己要加油」。結果這個行動自始至終堅持著URM的精神，保持一種非暴力的原則，雖然被警察以警棍打擊，而且一開始拉倒銅像不順利，但抗爭者們臨機應變找到新策略，無所畏懼且堅定地表達出信念。我後來在記錄中看到，多奧拿著麥克風說：「今天要結束神話謊話！」在權力面前基於眞相，表現出不服從的態度。這種不服從的信念，不是透過暴力來反抗，而是奠基於對眞理的追求。我們的不服從，必須克服內心的恐懼以及對於威權的怯懦，必要時必須做出自我的犧牲。這樣的行動，一次又一次洗滌了我們對於信仰的追求與確認。其中，最大的原則是基於愛。

上：TAURM師生合影於鎮西堡部落舉行
下：《U.R.M.與台灣社會運動——從吳鳳事件談起》，黃昭凱編撰

吳鳳銅像倒下後，耶得嘉．費爾牧師被列入黑名單，再次申請來台時，簽證被拒。但是，銅像倒下後，確實造成了改變。學校中不再教授吳鳳故事，嘉義縣吳鳳鄉也改名為阿里山鄉。最初因拉倒吳鳳銅像被起訴的抗爭者們，後來也都獲判無罪。

一直到現在，當我因社會公義的實踐而心神耗弱時，真正支持我的力量還是來自當時 URM 訓練的經驗。它的支撐，不僅是社會面向，也有深刻的宗教反省。

鄒族的故鄉不可能是「吳鳳鄉」（攝影：邱萬興）

. BOX.

〔家園對話〕

恩典與土地之痛

林益仁

Omi 牧師的傳記性文字中傳遞出來對於「苦痛」（suffering）的省思，不斷地刺激著我在課堂上與學生的互動，不僅是社會醫學，還有人文生態學以及永續發展的課程。在這一週內，我透過線上課程持續地講述我的基隆故事，從故事中往往產生更多的寓意與啓發。奇妙的是，Omi 講的是跟基隆很不同的地方，但在我的基隆親身經驗中，卻總是有似曾相識的感覺。

爲了證實這個觀點，我就來講一個基隆土石流的故事。

幾年前，有一位藝術家來住在我基隆正濱的老家，他在附近走找尋插畫的素材，後來畫出了一個地景，這是一個長梯的視角，從頂端可以清楚地看到正濱漁會，隔海港對面則是和平島上的台船公司與水產試驗所。長梯的左側是正濱教會。這條長梯是我上小學的捷徑，如果我不想走在充滿政治口號的所謂勝利的道路（勝利巷）上，就走這條山路。藝術家精準地畫出它嚇人的好漢坡氣勢。

它，看起來只是一條長梯，但長梯的出現過程卻幾乎毀了我父親最重要的牧會努力，就是正濱教會的建堂工作。五十多年前，就在它要落成之際，突然因連日的大雨導致後山嚴重的土石流，土石崩落的程度已經造成嚴重的公共危險，所幸是教會的地基穩固，主體建築完好，但教會內部卻充滿了土石，爲此有一段時間教會還借用對面的漁會禮堂進行主日的禮拜。

之前，我在基隆的走讀課程中會帶學生來此，親自體驗一下這條土石流之路。在此，我們有許多的省思。因爲教會並未傾倒，我父親與會眾大大地感謝這是上帝的恩典，或甚至是奇蹟，當然要了解此事必須透過一種信仰的眼光。但是，我跟學生討論到的課題卻不止於此。我問，爲何會有土石流？以及日後這整段中正路櫛次鱗比的房舍建築如何產生？其實都跟土石流有密切相關。原來，就因正濱地狹人稠，又有大量的異鄉人湧進，在生活空間的需求上大增，當山腰的教會往下挖山建屋之際，當然引起其他的地主爭相效法，於是後山的土地開發成爲必然，沒有適當的水土保持，於是釀成了土石流的禍害。

傷害來了，教會首當其衝，但教會正是始作俑者。但爲什麼教會要改建呢？也是因爲大量人潮的湧進，正濱的漁業提供謀生的資源與機會。這一連串的關係，整個是繞在人與生態環境的互動之間。在這幾十年前，我看到人潮湧入，但因爲沒有妥善地運用資源，所以漁業資源跟著耗竭，於是人潮開始散去，形成如今老化的社區景況。教會的興衰，也見證了這個地方的社會變遷歷史。我跟學生講，這就是活生生的生態政治學的案例，我自己身歷其中。

從教會旁的土石流看到一個地方的興衰，畢竟是基隆在地的事，但卻讓我想到Omi牧師跟我講到的拉拉山故事。當時，水蜜桃等高山水果農業上山，也帶動拉拉山一帶的大舉開發，他小時候還跟父親一起賣過水蜜桃。有許多的趣事，我聽起來好笑，但事後卻也頗覺心酸。這是原住民開始學習使用貨幣的階段，水蜜桃如何定價？這是一個大問題。想像當農作物開始變成商品之後，如何販賣這整個過程，Omi有深刻體會。他提到，當顧客靠近時，他發現父親與弟弟都找理由閃躲開後，只剩下他一人面對顧客。顧客問多少錢時，年少的Omi在毫無心理準備下，竟然只能倉皇地說出：「隨便啦」的回答，就可以知道衝擊如此之大。

在拉拉山，人與生態同樣遭遇到市場經濟的邏輯極大的影響，甚至摧毀。反觀基隆，似乎也可見其影響。Omi牧師所表達出的「苦痛」主題，似乎已經不是個別的人，也超過群體，波及到土地與環境。我們身處兩地，一山一海，卻同樣必須沈思此一重要課題，至今無法迴避。越是思考與了解自己的家園，它的效果不僅是越加了解自己，它也反向地引導我們更有能力去了解別人。反之亦然，這是我的眞實感受。

. BOX .

〔家園對話〕

流離與失所

林益仁

持續與Omi牧師談論著關於家園的故事，他提到將近六十年的歲月中，大部分的時間是在異鄉奮鬥。家園何在？思索它，究竟有何意義？如果我們的人生注定就是一個漫長的流離過程，又何須太過於懷舊地討論著居所的意義呢？

就在這個學期初，我在一堂介紹「傳統領域」的課程上，用了膾炙人口的歌舞劇《屋頂上的提琴手》（Fiddler on the Roof）作爲例子，説明何爲「傳統」（tradition）這回事。這是一段猶太人四處流亡，有一部分遷徙到烏克蘭，並且在那裡建立家園的故事。或許，這些人正是目前烏克蘭總統哲倫斯基的先輩。劇中的父親不斷地困擾如何延續傳統這件事，明明已經在異地，身處異文化，但卻還是深思著傳統的意義，這構成了此劇的主軸。這部片，讓我看到傳統不是回到過去，而是迎向未來，就像是具有寓意的片名，站在屋頂上的提琴手，必須在各方平衡的姿勢中，拉出優美的樂章。所以，追索過去不是懷舊，而是往未來找路。Omi牧師一連串的貼文自述，包括我部分的有感而發，並非堆疊兩人過去事蹟而已。反而，這些對話讓我們可以更深入地去探討家園的價值與意涵。

文學評論學者薩依德（Edward Said）的自傳作品《鄉關何處》（Out of Place）多少也是在描述自己作爲巴勒斯坦人的一種流離失所狀態。回到基隆正濱，我剛開始都自詡「回老家」，事實上是一種錯誤的描述。基隆正濱，對我的祖父母而言，是他們的新家，因爲在此之前，他們並未住在這裡。如果不是百來年前，日本人在此興建台灣第一個現代化的漁港，或許這裡也不會有這麼多人湧進來！在某個意義上，我回到正濱，是試圖了解我的祖父母與他們的子女們是如何在此建立新家的？這裡是我的歷史家園的一部分，也是關鍵的一部分，因爲我在此出生，並且有著至少十九年的成長記憶。後來的人生，就跟Omi牧師一樣在不同的地方，流離，但是否失所？這是個值得再深究的問題。

流離，是多數人的生命實況。但失所，每個人的感受或許不同。我想到Omi牧師提到外國宣教師帶來的亮晶晶聖誕卡片，不僅在深山的教會，其實它也是我兒時的深刻記憶。每年的聖誕節，我們在佈置教會的聖誕樹時，最多的就是這些亮晶晶的卡片，它們也是特殊的禮物，將要發給小朋友收藏。小時候的聖誕節是地方的盛事，聖誕夜的晚會，教會擠滿了人潮，不管是信徒與否，幾乎大家都知道有熱鬧的活動在教堂展開，而且延續到深夜的報佳音。這一夜，就是不用睡覺，一直到清晨，這樣的年少回憶延續了很久。那時候，我們並未用狂歡的字眼，因爲在半夜裡挨家挨户地去報佳音，寧靜的夜裡傳出安詳柔和的歌聲，很難用狂歡來形容。

我找出老照片，看著裡面的人們。他們很多都是陌生人，我相信這裡面有所謂的原住民，外省人，客家人，閩南人等，不管是誰？在那一夜大家都共享了聖誕的喜悅。在演唱的聖歌隊員中，我看到不少當時從外地來到基隆海洋學院唸書的大學生，還有我敬愛的鄭仰恩牧師。他們也都不是在地的基隆人。曾幾何時，他們的名單都被列入叫做「正濱僑」的通訊中。正濱，成爲很多人的故鄉。我並未誇張，因爲其中有不少的海大學生就在教會中找到在地的終身伴侶，而就留在基隆了。反而是我，在十九歲就全家搬離基隆。異鄉與故鄉，眞的是一線之隔。失所的定義，也是一念之間。

流離，是常態。但如何找到那個適切的家園，我認爲那不是一個地理資訊系統會錯誤地引導我們的一個物理空間點位而已。反而，家園可能是一種線性的連結，也就是從一個點到另一個點的連結關係與其中的意義。家園，可以是一長串的生命過程，在這個過程中不同的點之間的人事物互動。這些互動，也很難客觀且不帶感情地描述。剛好相反，它是一種主觀的意義連結，也就是連結在我們自己的生命經驗之中。它無法自然而然地呈現，相當程度上它必須經過一些內在的沈澱與反思，它需要時間來淬煉，這是我常常反問年輕人他們的家園想像時，他們會突然沈默的原因。一來，它需要沈思，二來它需要一種長時間的累積。在沈思過去時間的當下，傳統進來了。對我而言，傳統是當下的沈思，是那些過去發生的事，但在當代的社群中發掘出重要的意義，且可以帶我們往前走的事物。

part 4

菲律賓與澳洲

1
到菲律賓實習

1991年，台灣長老教會在全國遴選一位人選，前往海外宣教實習半年、休息一年，有充裕的獎學金可以運用。最後公佈的結果，我被選上了。於是我出發前往菲律賓呂宋島La Union省，聖法南多市（San Fernando）一帶的深山部落。當地已經有一位阿美族的宣教師——張英華（阿星）牧師，我的任務就是去協助他。因爲教會給予的獎學金相當充裕，我還邀請了一位阿美族同學同行。

我一直很希望可以出國留學。但是家庭的情況卻不允許。除了經濟因素，後來更因爲大哥酗酒與過世，留下的孩子們需要照顧，年邁的雙親無法負擔，因此我雖然好幾次雖有留學的機會，受到國外的邀請，最後都只能放棄。在1991年的這時，我還沒從玉山神學院畢業，便獲得了這難得的機會，當然想要好好運用。我計畫，除了宣教實習，還要走訪菲律賓、澳洲、紐西蘭，深入認識當地原住民的情況。我想，這應該也是教會給予海外宣教實習生充裕獎學金的用意吧。

當時年輕的我，睜大眼睛認識菲律賓、澳洲、紐西蘭這些地方，走入原住民部落，也接觸不同信仰的人們。比起上回到中國，那種令人生厭的官方的樣板行程、人與人之間無法眞正交流，我在菲律賓、澳洲、紐西蘭的經驗是完全不同的。走入當地部落，也令我思考台灣原住民的處境。當時勤於書寫，留下了許多紙上紀錄，至今也仍然珍藏著。

在菲律賓山區

剛到菲律賓的三個禮拜，主要參觀馬尼拉市及附近區域的社服機構、教會、大學、觀光勝地，增加不少見聞。

結束在馬尼拉的參觀後，UCCP（菲律賓聯合基督教會總會）便安排我與健一兄到聖法南多市張英華牧師那裡，開始三個月的見習。我們非常興奮終於見到自己的同胞。

安頓下來之後，也發現當地部落人們生活非常困難。菲律賓也受著世界局勢的影響，1990年爆發波斯灣戰爭，菲律賓物價便不斷暴漲。到我到聖法南多時爲止，物價已調升了三次，但工資絲毫不變，致使廣大的勞工階級，生活更加窮困。張牧師的宣教區在山上，從我們住的聖法南多市，坐吉普車得花上四個小時的車程，而且山路崎嶇難行，每一次上山感受都很深。Butac部落是張牧師的宣教據點，剛在上一年建立臨時教會。Butac部落的住民都非常善良純樸，可是此地沒有電，仍然沿用蠟燭與煤油燈。居民的住屋用簡陋的茅草及竹子建造而成，小間、小間地散居於各山麓之間。

在這裡，小小的錢可以做許多極有意義的工作。先前，Butac部落的村長（也是張牧師教會的長老）曾向張牧師建議，可否由教會來設立「教會學校」，週一到週日，全天候做「宗教教育」的工作？村中有一位受過大學教育的教會青年，願意擔任這個工作。由於菲國失業率極高，就是大學生也很難找到工作。一年的經費（含教師鐘點費及小孩點心），預估只要六千元台幣就可以設立這樣一所學校。張牧師非常贊同，但由於那時正逢建堂，又需各地募款之際，張牧師只好持保留態度。

我聽了心中有股衝動。Butac部落有許多小孩，因家人繳不起每學期三十到四十元的學費而輟學在家，任由輟學的孩童們在森林、溪流邊、部落附近整日玩耍。有的部落過於分散，又位居於偏遠地區，小孩需要走兩小時的路程才能到校，也降低家長們讓小孩上學的意願。而只需要六千元，就能在部落中設立學校，給兒童一年的教育。於是我私下許諾張牧師，願意負責捐獻這筆錢，作為教會學校的基金。

但是部落需要的不只是學校。Butac教會有四分之三的信徒及小孩，來自與Butac部落相隔極遠的聚落，每週日都要走上一兩小時的路程，才能到達教會做禮拜。但是還有更大的危險，每到雨季（七到九月）河川水漲，Butigue、

拉允省深山Butac部落協助興建的竹屋教堂兼學校

Bangag、Lumboy等三部落的信徒，便無法涉水到教會（也就是每年有三個月的時間無法到教會聚會）。這幾個部落長年來，都有老人或小孩為了強行涉水而被沖走。在雨季中，村中若有急病，也只好等待漫長雨季結束，才能送下山治療，不少病患往往等不到雨季結束病情加劇而喪生。這三個部落的居民共住有六、七百人，他們向鄉公所申請經費造橋已經好幾年了，遲遲無下文（菲國經濟不是很穩定，在國庫不充裕及貪污橫行體制下的基層機構——鄉公所，根本談不到什麼基層建設了）。在無數個歲月裡，偏遠的深山部落族人們在極度失望之下，便轉向教會求援，張牧師不是不知道這件事的重要性與急迫性，但他個人的能力有限（建堂、義診、開會、宣教、家庭……）使他無法面面顧及。私下我問張牧師造橋經費需要多少？張牧師回答：「大概要二至三萬元台幣」。

知道情況後，我寫信向豐田教會的胡牧師、豐田教會會友、精鐘團契朋友募款，得到教會會友們熱忱的回應，全額奉獻了造橋經費。Butigue、Bangag、Lumboy 三個部落族人義務奉工，由張英華牧師和我聯合督工，順利地建造了兩座由鋼、鐵線支撐的木橋。

有趣的是，三個部落族人們原本還想為我製作一個人像作為紀念，我謝絕了，請他們在禱告中紀念奉獻金錢的胡牧師及豐田教會會友們。

歐蜜協助深山部落搭建橋樑

火山行

1991年6月16日，菲律賓皮那土波火山大爆發。

7月23日，我和松源兄（台南神學院學生）、健一兄，由聖法南多出發，計畫利用四天時間走訪皮那土波（Pinatubo）火山及臨近災害較嚴重的三省——三描禮士（Zambales）、丹轆省（Tarlac）及邦板牙省（Pampanga）。

上午十時，正下著傾盆大雨，我們乘著巴士南下，開始這一趟富有挑戰性的旅程。四個小時後，巴士已駛進了中央呂宋的丹轆省。我們三位聚精會神地注視車窗外一切的景物。我看到沿路凡是草屋及木製房舍一個個倒塌，而部分剩餘的半水泥建築物，屋頂積滿了厚厚的火山灰，門前堆著一包包沙袋，感覺如同前線戰區的碉堡。原來堆放沙袋的目的是爲了防止到處流竄的流沙。

賓那杜佈火山從6月9日爆發以來，四省（丹轆、邦板牙、三描禮士及巴丹省）損毀房子共計八萬三千棟（菲國社會福利部報告）。數十萬災民遷居於公路兩側臨時搭蓋的帳蓬，居於地勢低窪又逢颱風期，近日連續三個熱帶性颱風入境，帶來暴雨，使堆積於山區的大量火山灰成爲泥流衝向低處，造成農田、住宅及生命莫大的傷害，迫使中呂宋島居民爲逃避四處流竄的流沙而不斷逃離。

當巴士由丹轆省駛進邦板牙市，我們亦隨著旅客下車，一出車門水已淹及褲管，無奈只好涉水改搭吉普車朝三描禮士省方向，車沒開二十分鐘突然停止前進，司機告訴我們前面路橋已被河水淹沒，小型車無法通過，只有大型巴士可以勉強通行。於是我們隨乘客在路邊等待大型車輛經過。天依然下著大雨，一個小時後，一輛巴士終於出現了，大夥舉著搭便車的手勢不時的揮動著，幸好司機願意載我們一程。這座橋只有大膽的司機先生才肯冒險，在那兒我們看到許多大小車循原路返回，不願開生命的玩笑，而我們這位寶貝司機卻充滿自信地開向已被湍急的河水淹沒的路橋。當車行在路橋時，滿車的乘客摒住氣，繃著臉面向窗外，看著那湍流的濁水沖向車底，爲了消除緊張的心情，我假想自己坐著輕舟，正渡著急流──沒多久，車子安全渡過難關，大夥才鬆了一口氣。

到了三描禮士省最大的市區──奧隆阿波市（美軍蘇比克灣海軍基地設於此地）已經是下午四點多了。我們按著地圖找到了U.C.C.P（菲律賓聯合基督教會總會）設立的婦女職訓中心。不巧該中心負責人帶著部分學員到馬尼拉開會，只剩兩位學員留守。七時，兩位學員帶我們到市區共進晚餐，走在市街上，到處可以看到娛樂女郎漫無目標地閒逛著，沿路三兩位美國大兵以貪婪的眼神尋找合胃口的女伴，作爲洩慾的工具。我們驚訝！這市區怎麼有這麼多流鶯聚集於此地，請教了兩位學員後才明白原由，自從美國克拉克空軍基地遭火山破壞後，美國政府連帶將位於碧瑤市的約翰·

海伊（John Hay）空軍基地一起關閉，將兩基地大批的美軍及眷屬遣送回國。於是靠美軍維生的歡場女郎也跟著失業了。爲了討口飯吃，只好跑到蘇比克灣（Subic）向當地姊妹分些羹以維持生計。

隔天早上醒來，參觀了婦女職訓中心，設備僅有三台舊式縫紉機和一台打字機，令人不勝唏噓。上午九時，得知颱風剛登陸，我們堅持按照原定計畫進行，由奧隆阿波市朝北出發，進軍皮那土波火山。途經蘇比克灣、聖菲利佩（San Felipe）、卡邦幹（Cabangan）及博托蘭（Botolan）等鎮，許多住宅面目全非，不是半倒就是全毀，從車窗望去整座山如同冰山般白色一片，景象慘不忍睹。

此趟目標是離火山最近的兩個阿埃塔（Aeta）族部落——Biangue及Tlaong。小型巴士的終點站只到博托蘭。我們找專門跑該路段的吉普車，詢問結果已經好幾天沒車上山了。爲了不使這趟落空，我們出了高價請了一位車主帶我們上山。吉普車在陣陣風雨和顛簸路段中行進著，許多路過的人看到我們朝火山方向行駛，不時以疑惑的眼光注視著我們。當時地震專家發佈消息，火山半徑二十公里內爲危險區，正處於五級緊急狀態中。村民爲防火山灰及流沙都已逃離了該範圍區（據報，截至那時爲止已有300人喪生，279人受傷，39人失蹤，115,580人撤離）。而我們卻如同瘋狂的玩命小子，伴著風雨，走訪這座馳名中外的——皮那土波火山。

路愈走愈困難，路面大小的溝渠隨時要下車填補方能通行，所經之地許多路基已沖毀一半，吉普車只好緊靠著斜坡邊行駛，如遇泥濘還得下來推車，有好幾次司機先生想停止這筆生意，經我們再三的請求只好勉強開車。車速愈走愈慢，而雨勢愈來愈大，數小時後，司機先生完全放棄前進，因爲前面路段早已被沖毀。待我們下車查看災情時，看到前面不遠山頭冒著大量灰色氣體沖向雲層，我們三人幾乎同時脫口——皮那土波。爲了看得更清楚，我們向司機約定兩小時後會回到此地，司機只用疑惑不解的苦笑應諾。

穿著雨衣徒步前進，風雨愈下愈大，腳下不時沖來火山灰，然而感覺上火山離我們愈來愈遠，因爲當時起了雲霧，視線模糊不清，大約走了四十分鐘路程只好放棄，掏出隨身攜帶的小袋子就地裝滿火山小碎石返回。沿途散居於皮那土波火山的村落，沒有一個聚落能夠倖免於難，全都被土灰淹沒。

皮那土波每天噴出一千五百萬噸的火山灰，積灰深逾一百公尺，前陣子火山噴到高達七千公尺的高空，波及面大約六千四百平方公里。根據菲律賓國家經濟發展署的數據，上月中呂宋島失業人數從三個月前的僅51萬三千人，猛增到116萬人，主要歸咎賓那杜佈火山爆發，導致三描禮士、邦板牙、丹轆及巴丹等遭難的省分65萬人失業。

回程途中，腦子一直思考菲律賓這個多難的國家，長年

皮那土波山（圖片出自：Pixabay）

來不斷發生天災人禍（大地震、旱災、颱風、水災及政治動盪），影響該國發展甚鉅。我在想，或許天災無法改變，最起碼人爲因素如：權貴分子爭權奪利、貪污橫行、資源分配不均、加上民族性格又過於浪漫等等，可以經由「人」的覺醒去做改變吧！

隔天早上，帶著行李及一小袋火山灰，到巴士站等車，許多菲國候車旅客對我們手提的火山灰抱以恐懼的顏面，突然有一位年約五十的中年人問我國籍及姓名，我回答他「我是從台灣來的學生，名叫……」，話還沒說完，他興奮地握著我的手說：「按照你們的研究，火山什麼時候停止呢？」我愣住了，只能回應：「那可能要問上帝囉！」事後才意識到，那位先生應該是把我們誤認成研究地質的學生了。他殷切期待火山爆發早早停止的心境，應是當時每一位菲國住民最深的期許吧！

7月24日住在北呂宋觀光勝地——百島（Hundred Islands）以鬆弛近日來疲憊的身體。隔天返回La Union省的聖法南多。這一趟特別之旅，經歷到數十萬名無家可歸災民的慘狀，僅靠著有限的救濟品維持生活。那一雙雙無奈與失意的眼神，縈繞腦際遲遲不去——祈求天父 上帝爲菲律賓所有的住民開一條活路吧！

皮那土波火山附近的阿埃塔族孩童

走訪回教區——Pagalangan

在菲律賓期間，我也曾有機會去走訪了當地信仰伊斯蘭教的菲律賓原住民部落。後來，每當中東發生衝突，社會上似乎普遍流傳著回教徒好戰的偏見時，我就想起當時拜訪菲律賓穆斯林的美好經驗。

一棟棟簡陋的茅草房舍，便是此地——Pagalangan部落給我的第一個印象。在這裡看不到水泥建材，一棟離地數公尺的茅草屋，爬上該閣樓，空無一物。可別小看這四方空間，它包括了廚房、客廳、主客臥房、浴室、孩童玩耍的場地，其簡陋的狀況實在難以想像。

我們所居住的這一戶人家是位虔誠的穆斯林弟兄，他特地殺了兩隻雞，熱情地設宴款待我們。飯前，一盆清水分別傳遞到每一位座席客人面前，輪到我時，按著右邊的伊斯蘭弟兄洗手的方式，依樣畫葫蘆將右手輕輕地在臉盆中搓揉，左手比照右手清洗。之後一位婦人傳給我們一條乾淨毛巾，輪流擦拭。

當基督新教的菲利佩．莫索（Rev. Flipe Mosot）牧師很自然地站立，以感恩、親切的聲音對著大眾說「我們一起禱告」時，我看到這一群穆斯林們由吵雜而肅靜，雖然他們雙手沒有合十、雙眼沒有閉目，沒有作出禱告的動作，但他們尊重我們的信仰。我心裡想著，伊斯蘭教規甚嚴，基本教義派的又好戰，視基督教徒爲天敵。然而，眼前景像是何等地清純、整個部落雖然清一色是穆斯林，對我們這四位基督教色彩鮮明的來賓，所展現的態度，是如此地尊重我們的宗教信仰。中東地區彼此間不同的宗教、文化、習慣所產生的磨擦，在這裡是這般的輕微、微小到了無痕跡。

經過菲利佩·莫索牧師解說我才瞭解，早在1971年之前，民答那峨西南部的一些部落：Bulacan、Mameman、Basis、Tagrauso、Tagomog、Tagaya、Tadocon、Baraudya、Pagalangan、Pawsar、Iciltald、Madayc、Mopautau、Banldo Pantar、Lading、Duirgan、Pebe、Bataclgan、Jwkco-an，共二十個部落由南到北組成一個縱線，這個區域成爲與外教（異族）互不侵犯的自然界線。過去，基督徒根本無法上山。到了1971年之後，此界線才開始對外開放，被喻爲「回教與新教和平共存區」。《詩篇》一三三篇1至3節記載：「看哪，弟兄和睦同居，是何等地善，何等地美！這好比那貴重的油澆在亞倫的頭上，流到鬍鬚，又流到他的衣襟；又好比黑門的甘露降在錫安山；因爲在那裡有耶和華所命定的福，就是永遠的生命。」因爲感受到這一份和睦相處的甜蜜，今夜必定很好睡。

民答那峨西南一帶都是伊斯蘭勢力範圍，他們信奉阿拉爲眞主。對馬尼拉政府的向心力相對減少，常以冷漠不合作的心態待之。他們一心要建立自治，甚至脫離菲律賓政府的統治。在這裡，使用的語文全屬於阿拉伯文，教育則以阿拉

民答那峨有24%的居民信奉伊斯蘭教（圖片出自：Pixabay）

伯教育制度來施行。學校場地設在各區神學堂裡，可是菲律賓政府不承認他們的學歷（文憑），所以他們自行辦理小學、中學至大學，學生可以到阿拉伯各國進修或交換學生的合作計畫。

簡陋的學堂是此地區小學生研習的場所。下午，我獨自前往學堂，利用學生下課時間與小朋友們接近。雖然彼此語言不相通，我以最自然、誠懇的笑臉向生性害羞，頭蒙著白紗的小學女生們打招呼。起先，小朋友們看到我都避開，而我則耐心、誠懇地期待，終於博得她們的認同。她們一個個圍著我，時而摸摸我掛在胸前的相機，時而摸摸我穿著的風衣。大伙混熟了之後，我教她們台灣泰雅族語 Sgagay ta la（再見），而小學生們則教我寫我的名字歐蜜．偉浪的阿拉伯文。學堂老師說，Omi Wilang 這名字在回教地區很普遍。

孩童們的單純的心靈世界，不分宗教、文化、種族，總是以清純、良善，沒有敵意的心對待周遭的人，如果有，那也是所謂「懂事的大人們」所教授的，不是嗎？末了，與學堂老師及學生們快樂地合影，彼此留下美好的回憶。

在民答那峨伊斯蘭教區部落拜訪，想進入深山部落，
摩托車是最好的交通車

訪問菲律賓原住民部落的經驗，也讓我想起原住民在台灣的處境。台灣原住民族或許不是在戰火中生活，生命不是隨時受威脅，可是，原住民失業率高，平均所得、教育程度、平均餘命、自有屋率，甚至居住地區的自來水普及率，都比非原住民低。原住民地區地處偏遠，高山峻嶺，道路闢建艱難，每遇災害，道路崩坍，部落聯外交通中斷，加以部落地形特殊，公共設施不足，易生洪災、土石流等災害，造成原住民生命財產極大之威脅。

要弟兄和睦相處，國家政策及制度必須建立在保障劣勢族群的經濟、環境、文化、教育的權益上，並且以尊重、平行的關係（夥伴關係）來處理所有原住民的事務。而台灣原住民族也會對這個國家、社會提供積極的貢獻。

上：與中呂宋伊洛卡諾族牧者合影
下：在部落教會做禮拜

2
到澳洲努甘霖亞原住民學院進修

1996年，我又有一次訪問澳洲的機會。總會的原住民宣道委員會接獲澳洲聯合教會（Uniting Church in Australia）邀請，安排兩位台灣原住民到澳洲進行兩個月的短期遊學課程，以及紐西蘭一個月的訪問。張英華（阿星）牧師這時已經回到台灣，擔任原宣幹事。總會安排我與阿星牧師一同前往。

1996年9月5日上午9點45分，搭長榮航空公司飛機起程。在空中渡過漫長的一夜，隔日清晨8點30分抵達雪梨機場。一下機，澳洲聯合教會幹事葛拉翰．布魯克（Rev. Graham Brooker）牧師親自來接機。幹事親切地與我們寒暄後，帶我們到雪梨市中心聯合教會總部休息。

在雪梨市九天行程中，拜訪了許多教會及原住民事務的機構與學者。對英文生澀的我，在各不同場合反覆聆聽他們述說澳洲教會與原住民的概況，而有了初步的瞭解。

與澳洲聯合教會幹事Rev Graham Brooker雪梨合影

當時人口約四百萬的雪梨市（現在已有530萬人口了），無論市內或郊外，都令人嚮往。每條街，每個小巷如詩如畫般的美——市中心鐵塔及十八世紀教堂與鐘聲，街頭藝術者與滿街自由覓食的鳥兒，帆船與歌劇院，陽光與沙灘，戀人般溫柔清新的空氣與濃郁香醇的咖啡——雪梨市民眞懂得享受。

離開雪梨市，搭機飛往澳洲北端的達爾文市，六小時的航程，途經澳洲大陸最中心城市艾麗絲泉（Alice Springs），此地有許多散居於中央沙漠一帶的皮詹加加（Pitjantjara）原住民部族，至今仍過著簡單的狩獵生活。

又過了兩小時行程，終於平安抵達達爾文市。機場外由努甘霖亞學院（Nungalinya College）教授理查．華萊士（Rev. Richard Wallace）負責接待我們到學校並安排居住。該校細心熱忱的接待，我們由衷的感謝。

一所原住民的學院

努甘霖亞學院創校於1973年。一開始因沒經費等種種因素，由澳洲聯合教會、長老教會、聖公會、天主教會四個基督宗教內的不同教派聯合起來，專爲澳洲原住民而設立這所學校。在這所學校中，大家不分種族與教派背景，一同學習，一同成長，共同推展與原住民有關的信仰、宣教、社區發展訓練及傳統文化技藝訓練等課程。

根據最近的統計，澳洲總人口數約2560萬人，其中原住民人口數約佔百分之三點三。努甘霖亞學院是一所迷你學校，每年有一百多名學生，清一色都是原住民，且大部分事來自澳洲偏遠海島，或澳洲東北、西南部與內陸中央沙漠部族的學生。

校園中，無論是辦公室、教室、禮拜堂、圖書館甚至接待所，到處懸掛著色彩豐富鮮艷的原住民傳統圖畫。經校方解釋我才了解，在課堂上，每當學生無法用英文講述其想法，便會利用圖畫來述說他們部族的故事及個人的內心世界。她們善於將冥想與夢境，以及個人的經歷，充分地發揮在圖畫與木雕之中。更可貴的是，她們以傳統圖案揉合生活情境，將之架接在信仰上，從事神學的反省與訓練。

澳洲原住民教會領袖吉尼尼博士（Dr. Djiniyni Gondarra）以全澳洲原住民的紅、黃、黑三色旗子爲底，設計了澳洲原住民教會及牧師袍圖案。澳洲原住民的旗幟中，黑色代表原住民，因大部分澳洲原住民膚色較黝暗；紅色代表土地，澳洲原住民同胞認爲土地是有生命，像紅色的血液一般擁有生命；中間圓黃色則代表太陽，照耀著原住民同胞子子孫孫，如同太陽般生生不息。吉尼尼博士在黃色太陽的中間，畫上傳統原住民圖案的十字架。十字架下方，有一雙黑色與白色的手緊緊相握，代表原住民與白人在過去錯誤的歷史經驗裡，雙方於十字前和解，擁抱。十字架及圓黃太陽上端橫畫著代表原住民的傳統武器——木棍，中間降臨一隻鴿子，代表聖靈化解一切仇恨，並加添力量給原住民及白澳同胞，使這一塊大陸地成爲充滿和平與公義之地。這是吉尼尼博士所設計的澳洲原住民教會及牧師袍圖案，其中有著期待教會能成爲和解的使者與盼望的記號。

樹蔭下的禮拜

一個週末下午，於校園廣場外，看著一位來自於埃爾科島（Elcho Island）的原住民牧師拿著竹耙子，在高大的芒果樹下清掃散落的樹葉。牧師光著腳，打赤膊賣力地清理，汗水從他黝黑的皮膚滑落。為了拉近彼此的距離，我也換下原先嚴肅的裝扮，穿起短褲，赤著腳，誠心地告訴這位牧師，我願意與您一起清掃校園。牧師感謝我參與工作，兩人花了一個小時將芒果樹四周圍清理乾淨。隔天就是星期天了，陸續到來一群不同地區與族群的原住民同胞，他們有的遠離家鄉到達爾文市工作、求學，或是遷居於此，或是為了一週一次的購物時間而來。只要每逢星期天，這些平日散佈在達爾文市鄰近各地的原住民都會聚集到學院中這棵高大的芒果樹下，舉行露天禮拜。聚會中，她們輪流吟唱著自己創作的母語詩歌，禮拜儀式簡單、莊重。主理者由在場的牧者分享證道。禮拜過程，所有與會的原住民同胞，無論是來自於海島、叢林或是沙漠部族，他們內心的渴慕與敬畏，化作虔誠與順服的態度，一起來敬拜那萬王之王，萬主之主的上帝。我親身融入其間，莫名的感動油然而生。

昨天清掃整理的芒果樹之地，原來是所有鄰近原住民同胞們共同的「教會」場所。日後拜訪幾個澳洲原住民教會及部落社區，他們聚會的場所也都在露天樹蔭下。老老少少席地而座，滿心歡喜地拍掌、唱詩讚美主。參與聚會的族人們，自然地選擇地方或坐或躺，眼目緊盯著主理者，那種單純、真性情的聆聽與敬拜，在台灣富麗堂皇的聖殿聚會中，不容易營造出這樣的聚會氛圍！

那些年，有不少台灣原住民教會，雖然部落族人（信徒）經濟困頓，卻好像得了蓋教會流行症候群一般，即使無力償還也要借貸、募款，千萬元的建堂預算時有所聞。結果是牧者、長執與信徒爲了支付沈重的本金與利息，關係變爲緊張。有的經濟力較弱的教友，選擇離開自己熟悉的教會。牧者爲了與信徒共擔建堂經費，又要養家活口，而必須在外兼工，將精力花在開源的工作上，影響了教會團契及聚會的品質。在泰雅爾中會也有教會爲了還貸款而拒絕聘任牧師，以減少支出。

澳洲北部有一個原住民小島——Bathurst Island，只有一千四百名原住民人口居住，大都是天主教徒與基督徒。一個下午，我在島上與一群原住民基督徒在海邊一棵橡樹下分享，讚美及禱告。當海浪輕拍著岸邊、陣陣森濤及群鳥的鳴叫聲溶入在島民的讚美聲中，那一刻我心中的寧靜與感動眞是無法言喻。傾刻間，心中浮現一幅圖畫——耶穌、船、彼得、雅各、約翰與一群聚精會神的信徒在革尼撒勒湖邊一同禮拜的情景。我確實相信耶穌基督不在乎教會的外在富麗與否，因祂本身降臨在一個簡陋的馬槽裡，又在木匠家裡長大　。主耶穌說：「你們的身體是我的殿」時，原來「教會」就在我們心裡，又是一群被呼召者，要在活生生的現實世界中作光作鹽，見證主的大愛，高舉榮耀主名。在這樣的認知中，豈可以鄉愿、簡略地理解主耶穌基督十字架死與復活的信息？錯將主的眞光死死地鎖在冰冷、死硬的「教會建築」的美醜認知內呢？而不知，救主耶穌基督關心的是「人」眞實的「生命」與「靈魂」。

與澳洲原住民分享

親自參與澳洲原住民「無教會」的「眞實教會」的禮拜，不禁令我慚愧與深思。

眞心希望台灣原住民教會按著上帝給予的幾分能力來行事。「建堂」並非不好，當然也是一個信仰操練的機會與表現，然而，這終究不是所有信仰的本質與目的。更重要的焦點是否轉移至內心「眞實聖殿」的建造。祈求聖靈充滿我們，加添我們擁有智慧的心，有能力實際投入原住民同胞的社會、文化、心靈及生活的重建，把信仰深植在同胞的實際

生活情境裡。當公義、和平與憐憫充分展現在原住民同胞與台灣社會時，一個無形、偉大且富麗堂皇的「教會」就聳立在我們部落及同胞當中，而「上帝國」的體現不再只是神學術語了。

重視原住民社群與學校的連結

努甘霖亞學院沒有強烈的學院派色彩，而是特別重視原住民部落社群與學院的聯結。每個月開辦短期「社區發展訓練班」，主要爲培訓原住民社區與部落領袖，加強對自己原住民文化的認同，藝術技藝的傳授，以及各項組織訓練課程。學員不分基督徒或非基督徒都可參與。學校開設課程常常吸收不少非基督徒青年及部落領袖就讀。值得肯定的是，有些教授（主講者）的教材部分取自於聖經背景及在地原住民的實況。經過幾個禮拜後，原本未信主的原住民部落領袖或青年代表自然地在此地認識了耶穌，也接受了信仰。學成回到自己部落後，將信仰傳遞給部落族人，開始建立信仰基楚。相信這是聖靈親自在動工，爲主廣大的禾場尋得工人。

在努甘霖亞學院的經驗，令我思忖，目前台灣原住民教會新生代青年信徒（第二、三代）不斷在流失當中。新世代的想法、價值觀與生活方式，會直接挑戰原住民教會。原住民教會與神學院是否能爲此一現象，嚴肅、用心地反省再反省，並大膽地提出不同的「宣教策略」，在嚐試與失敗中取得改進，深信在聖靈的帶領下，最終會贏得這一群「年輕羊群」的認同。否則，一味地墨守成規，自滿於昔日「二十世紀大神蹟」的幻想中，教會終必敗落。

爲了上帝的福音，屬祂的子民當剛強壯膽，因爲主的聖靈住在我們當中，就無所謂懼怕。祂必供應我們所求所想的一切，但求祂的旨意成全。那天晚上，我在遙遠的南國，深深地祝福台灣祖國教會日日昌盛，榮神益人。

原住民的共同記號——苦難

1996年的澳洲進修之旅，有機會接觸到澳洲原住民的文化和學校，帶給我許多反思。

是一種修道士追求屬於精神靈糧的驅使？亦是煩忙庸碌日子下，置身於異國無垠沙漠、任思緒自由奔放？還是屬於學者爲增進知識所學、不惜行萬里路、以求自滿之時髦心態？或是……？無論是因爲傳道師身分也好，還是想暫時跳脫煩雜、匆忙而「無自我」的生活空間，或是爲增廣見聞而前往澳大利亞，與當地原住民同胞一同學習、生活。一個事實，當我親自與澳洲原住民接觸時，一股內心深層原始的悸動告訴自己，印烙於心靈的祖靈（泰雅祖先之精神）及流動於體內的血液，正是數千年，台灣原住民族泰雅族祖先代代傳遞下的「祖靈」與「生命」，蘊育滋養後代子孫，使之生生不息，這是不滅的事實。

台灣原住民族或是澳洲大陸原住民族，面對每一天的日子，無論是以簡單狩獵、覓果的生活、還是行走在鷹架、礦場，在海洋上捕魚、山林裡栽種，艱苦維生。每一個不同背景的族人，在上帝面前都被視爲寶貝。然而這份尊貴與榮耀，卻在種種苦難的衝擊中漸漸變形、隱沒了。

我利用兩個月時間，走訪半個澳洲原住民社區、學校機關、教會及各島嶼，聆聽他們部落心酸血淚史。在簡單的屋舍及食物下，體驗眞實生命的悸動，在旅程中，澳洲原住民同胞有意無意會呈現出一種無奈、掙扎、憂悶、自卑、失落、酗酒、自殺、離婚、失業、貧窮……，這些符號不也是台灣原住民多年來的痛苦經驗嗎？我們彼此之間所經歷的，居然是如此般的相似。痛苦、吶喊！是熟悉的聲音，漸漸匯成一條苦難的長河。

一位老酋長告訴過我，澳洲原住民住在這塊大陸地已有三萬年以上的歷史。過去，人口最多曾達到六百萬人，有三百多種不同的語言。可是，今天澳洲原住民人口數卻不到八十萬人（澳洲政府於2016年統計該國原住民人口數爲79萬八千四百人，佔全國人口數3.3%），語言只剩十六種。這種浩劫，根本原因起於公元1770年，大英帝國聲稱澳洲是他們的，於是開始了對原住民而言悲慘的殖民統治時期）。

起初，大英帝國將澳洲視爲流放該國作奸犯科的罪犯之地，後來政府鼓勵開發農業與畜牧業，最後發現金礦和煤礦而正式列爲「特別行政區」。爲了掌控這廣大的資源，不惜動用船艦、戰機、巨炮和正規軍，將原住民故有的神聖領土予以併吞（土地國有化，如：昆士蘭省〔Queensland〕名字的含義就是「女王的土地」），在白澳政策野蠻殺戮下，短短兩百年間人口銳減，許多原住民族群已然消失不見了。

回顧三十年前（1967年），澳洲白人政府才承認原住民的「澳洲公民」身分。在這之前，原住民當傭兵，建設各種勞力工程都無酬金。特別是參加第二次世界大戰的戰士，白人士兵可領到補償金，原住民則無分文，顯然視原住民爲非人。就這一點，我身爲台灣原住民族的後代，心靈也有至深的痛，當清朝發現台灣山區遍滿樟樹、梅花鹿等資源，爲佔有而引發許多大小戰役，將已佔領的土地及願意留長辮子、納貢的平埔族人稱之熟蕃，而居住在深山的各部族稱之爲生蕃。之後，日本殖民五十年間以宗教（天皇）、教育（將族人的姓氏、地名、文化與歷史均改造爲以日本爲主體）及武力鎮壓。國民政府的漢化政策與土地國有化，使原住民成爲失根的民族。

澳洲歷史上，白人政府與教會合作，爲「教育」、「改善原住民生活」、強制將各部落小孩帶出、集中居住管理、教育於市區（教會養育院等機構），從澳洲深山、叢林、沙漠、海島其不同語言、文化、習慣的各部落小孩，集中起來統一以「英語」爲單一語言教育，讀大英帝國歷史、文化、地理及生活禮儀，舉凡衣、食、住、行、育樂全套爲英國版，徹底粉碎、切斷各原住民部族之母體文化的最重要臍帶關係。百年後的今日，流落於各大小城市之貧民區的原住民、正是早期被強制帶離的這一群無辜的小孩。因此，一個不當的教育政策，使各部族中間年齡層形成嚴重斷裂、導致部族的式微與消失。國民黨對原住民「山胞教育政策」不正也如此？

我在澳洲停留其間，有一名國會女議員寶琳．韓森（Pauline Hanson）發出反原住民的論調，造成全國嘩然。韓森自認她的言論代表普通澳洲白人的心聲，她說：「政府厚待土著，遠遠超過其他澳洲人。」又認爲：「土著及托勒斯海峽島民委員會（Aborginal and Torres Strait Islander Commission簡稱ATSIC，澳原住民最高行政部門）是個『失敗』、『虛僞』、富歧視性的組織。」種種言論，挑動著該國白人與原住民族的緊張對立。

土地，山川，夢的世紀，發現與重建

悠悠百年歲月，走過時雖是佈滿荊棘和血淚與挫敗，偉大的澳洲原住民族，仍以大地爲伍、勇敢地存活著。

對於土地，澳洲原住民以嚴肅神聖的心情，好像面對族中長者般地尊敬。他們親切地稱土地為母親、父親、姊妹或兄弟——將「土地」列為家族中最崇敬的父母位階，並視為最親近的直屬血親姊妹、兄弟的關係。

在他們意識裡，土地如同母親一般滋養群生，「她」供應原住民所有衣、食住、行，甚至思想與夢，都在這位大衆慈祥母親的懷中滋長、運行。於是，原住民同胞禁不住心中的熱情澎湃，吟唱著自編的優美詩歌，頌讚「她」，不得不擺動身體為「她」起舞，再也止不住心中洶湧般的思緒，盡情豪放地揮灑於畫紙中、張張都是對「她」——土地、山川、百獸的禮讚。

若有族人逝去，同胞以舞蹈、歌及說故事來引導逝者的靈魂回到原來的居所——大地（包括樹木、沼地、雲、河流等等）。儀式（ceremonies）對他們而言極為重要，每一代均由長者教導其子女，如何起舞、唱歌、圖畫及做夢？可以將土地的「靈魂」滲入其中，於是，長者的「夢」便是導引的門徑。長期以來，澳洲原住民同胞進入了「夢的世紀」。

我們會很難想像，如何能將歌、舞、畫、故事及夢與土地進行對話。一本澳洲原住民聯合著作的《原住民靈性》（Aboriginal Spirituality）書中，有一篇文章，作者加拉爾韋·尤努平古（Galarrwuy Yunupingu）以其自身經驗述說：「當我小的時候，父親便教導我如何對大地歌舞。首先，父親要我開啓心扇與心智，靜靜地單獨面對著大地，把自已投入在『她』溫柔的懷抱裡，你會發覺到土地、樹木、石頭、山川、雲及袋鼠……，熱情地簇擁著你，在那裡有許多祖先的靈，和大地山川交織出來的溫馨的情愛。就是這分感動，專注熱忱地舞出來，唱出來。」

或許有人會說：我感受不到，因爲眼睛看不見、手觸摸不到。試想：空氣你可以看到、摸到、聞到嗎？但它確實存在著。偉大的原住民族，居住在傳統土地各角落。而外來殖民者說：這土地是我們的，是政府轄下所屬之地。十六、十七世紀許多各國原住民之地，是西方人士認爲跨世紀的新發現——新大陸，於是開始展開殖民統治時期，進入原住民的土地、燒殺擄掠，幾近無所不用其極，強佔原住民故有的神聖領土。這一段歷史，不也在台灣原住民社會不斷上演（荷西、明清、日本、國民黨統治者）。現實悲慘的歷史，強姦了原住民的「母親」——土地，霸佔了供養原住民子女的「父親」——土地爲奴。可是，別忘了，三萬年前，澳洲原住民偉大的祖先與土地依然矗立於澳大利亞這塊遼闊無邊的大地。任憑外來殖民者的船堅砲利也無法摧毀、制定再多的法律也無法改變這個事實。

過去、現在及未來，「他們」永遠存在著。當他們聽到原住民「祖靈」們巨大的怒吼與來自土地深層的哭泣聲，當族人們爲故土與族人命脈之延續、團結犧牲，將鮮紅的血染滿了傳統神聖的土地時，外來殖民者懼怕了。因爲，公義與和平是最後的仲裁者，而原住民族偉大祖先們的鮮血與來自深層土地的哀號聲，形成了巨大有力的控訴，直等公義、和平臨到爲止。

耶穌基督在十字架上深深的痛，是種撕裂般的苦楚，這是人類最醜陋的集體共犯的「傑作」，人類自己阻隔了公義、和平與眞愛的充滿，人類對苦難默然不語。面對澳洲原住民同胞悲慟的哀號聲，我們豈可聽而不聞、視而不見，何況同於台灣原住民的情境與聲音——苦難。

聽！苦難者的吶喊，他們在遙遠的澳大利亞已經唱了二百多年的「苦難之歌」。反反覆覆地吟唱著，雖然聲已啞，但他們的祖先及他們後代子孫的心靈是強壯的，足以令人自豪和尊敬。

在1996年的澳洲旅途中，身爲原住民一分子的我，深刻地感受到：發現與重建，是極重要的課題。

（原文寫於主後一1999年2月22日，於關西馬武督教會；2022年7月31日爲收入此書重新編整改寫）

與澳洲原住民友人合影

. BOX .

〔家園對話〕

能安心的地方，就是家園（ubi bene, ibi patria）

林益仁

一大早，就看到歐蜜牧師回憶澳洲的記事，讓我想起2019年8月中旬時也去了澳洲艾麗絲泉與達爾文，後來在回台灣的飛機上，看了妮可·基嫚與休·傑克曼主演的《澳大利亞》（Australia），是描述二戰時發生在達爾文的故事。

大意是，一個英國的貴婦堅定地要去澳洲賣掉牧場、找回老公、並且回國定居。豈知，老公意外身亡，她在澳洲遇見了以大地爲家的原住民與羈傲不拘的澳洲牛仔，最後改變心志終以澳洲爲家園的故事。

何爲家園？這是一個既老又新的人類主題。我從生態科學的habitat、niche等字眼，一直探索到home與country。澳洲原住民所認識的country（鄉園）概念是最爲顛覆性的，這對於華人文化的「安土重遷」絕對是一大挑戰。華人視土地爲財產的觀念是根深蒂固的，而country的概念卻是更深層的生命依賴關係。人因土地而生，土地因人而豐富。

在烏魯魯（Urulu）底下的荒野家園，完全顚覆掉它的殖民者名稱「艾爾斯岩」（Ayers Rock）。白人看到的僅是一顆巨大亟待征服的石頭，完全忽略了這個岩石的四周圍孕育了一個豐富的人類社會的生態體系，這個生態系無法二分爲人與自然，而是彼此互相依賴的關係。山頂的雨水隨著石頭凹陷的部位流下形成季節性的水潭，石頭的周圍有些地方因爲這些水潭而孕育了更多的生命，這是原民的菜園、藥園與獵場。在石頭的底部自然風化的洞穴成了天然的居所，可遮風避雨，甚至以石壁爲板，傳遞家族與求生的必要知識，我們清楚地看到幾千年間的知識傳承，雖然我不知道這些圖案的象徵意義，但卻可以想像，每隔一段時間，一家大小總得圍繞在火堆旁，看著這些圖案，交換著古老與豐富的語彙意義。

如果，我遠遠地凝視烏魯魯，這塊澳洲中心的大紅石，她可能在我心中就永遠是那個神秘的靈性地景。然而，幸運的是我來到了大石頭底下。赫然，我發現她的景緻完全不同。大小不一，型狀各異的洞穴，更有雨水沖刷的瀑布痕跡，山腳下花木扶疏，儼然就是萬年以來原住民的荒野家園。她一點也不空靈抽象，反而充滿了物質的供給。有水就有生命，雖然我只看到乾涸的水潭，以及山壁上水流的痕跡，但我知道雨季來臨，這裡的生命會比目前的生命更豐富多樣。

這塊西方殖民探險家的夢幻惡地，其實一直包覆在不實的它者化中。就像北美洲的荒野概念將在地人的認識與自然想像二分切割一般。這是災難，也是一種傲慢。只有我們重新以荒野家園的視野來看，才能看到這塊沃地（nourishing terrain），造物者自有其自給自足的安排。如果你（妳）也在此山腳下，我相信你會同意我的看法。這不是有待征服的惡地，而是自足的家園。在這裡，我再度感受到黛比・羅斯（Debbie Rose）沃地精神的同在。

白人無心理解這些細緻且與大地共榮的智慧，其實觀光客也是如此。這次，我看到絡繹不絕的遊客趕著在十月永久禁止攀爬山頂的禁令前，想要征服這塊岩石。他們的舉動跟在風景區寫下「來此一遊」的粗鄙文字一樣令人難堪。我的停留時間也短，實在不宜多加批評。但有幸讓我在水潭邊躺下，望著湛藍的天空與赭紅的石壁，遙想這個荒野家園的內容與知識，難怪妮可基曼所演的愛斯莉夫人會在澳洲流連忘返，其實她的心已經安住在此地。更深層的是，原民的智慧教導著我們必須以大地爲家，前提是尊重與認識她，那些只想占有的人，是永遠不懂這種自在與安心的。

. BOX .

〔家園對話〕

澳洲，原住民，黛比，我與歐蜜：思索家園

林益仁

生態學家相信「物物相關」（Everything is connected to everything else.）的道理。其實，不只是生態學家，原住民的土地智慧裡面也有類似的思維，澳洲的原住民用英文字Dreaming來表達，其實他們都有自己母語的字彙，但卻借用了這個英文字，實際上它跟做夢沒有直接的關係，是一種澳洲原住民獨特的世界觀。繁多的生命中有一種奇妙的連帶，有時難以解釋，但細心安靜地地體會就會明瞭。

今早，看到歐蜜寫了在澳洲的達爾文與艾麗絲泉的往事，讓我心中產生悸動。不只是因爲我也去了那些地方，而是他的記事讓我聯想到今年春天的事。我的原民思想啓蒙導師澳洲人類學家黛比．羅斯三年多前過世，她的女兒香緹（Chantel）寄了一批她媽媽蒐藏的台灣照片給我，希望找到一些影中人，並且讓照片可以有一些用處，這是當時將照片給黛比的宣教師家屬希望達成的願望，這些照片都是當時

在台灣照的。於是，香緹就將照片寄給我，我翻印了幾張，po在臉書上，馬上有臉友指出應該是在復興鄉的原民部落與教會，其中還有泰雅族傳統古調Lmuhuw傳唱國寶林明福牧師年輕的模樣。巧的是，這些地方與人物都離歐蜜的家鄉不遠。臉書的威力無窮，不過也喚起了我的一些反思，過去的事，過去的人實在太多，幾乎我們每個人都有經驗，但那些（沒）留下的事究竟有何意義？

香緹寄了她媽媽留存的別人寄託的照片給我，心中有些期許，但我也在想究竟這些照片有何用處？台灣的影像，透過宣教師的眼睛到達了澳洲，再從澳洲回到台灣，然後呢？這裡面會有什麼故事？今早，歐蜜的澳洲記事點醒了我，這是一條Dreaming的線索嗎？沒有人會預測歐蜜在澳洲的原民部落會得到極大的感動與啓發，就好像也沒人可以預定黛比會到台灣的原民部落，甚至結交了許多泰雅的好夥伴。在冥冥當中，這條線索透過不同人來回的走動與文字的敘事漸漸顯現出它的意義來。歐蜜描述澳洲原民在大自然中崇拜造物者的偉大，讓我想到在Ururu的大岩石底下原民家園的記事與回憶，思考著家園爲何的主題？這些照片難道不是也透露了類似的訊息嗎？這些人，這些事，都連結到我們「找家」的渴望。然而，它的尺度是巨大的，它的歷程也是悠遠的，我們甚至不知道何時才會走到目的地，而這就是Dreaming的奧祕。

這是一種來自黛比的一些呼喚嗎？還是更長遠在她身上

更多的託付呢？歐蜜的澳洲經驗連結到我的，再回到澳洲學者黛比在台灣的經驗，我們已經跨越了原本我們所屬的族群、土地、性別與語言，但在這當中我們尋找的是什麼？那個家園的意像何在？這個感動似乎一直在我的心中打擾著。

part 5

牧會，
深入部落面臨的問題

1
成為「未婚爸爸」

1992年，大哥與大嫂離異。大哥自從大嫂離開後，像失了靈魂一般自我完全放棄，完全不像以前我們認識的勤勞、踏實又顧家的大哥。以前我們家中，父親牧會沒有太多收入，母親在一小塊田中種植蔬菜，很長一段時間都是大哥負擔家計，把我們六個弟弟妹妹養大。然而這樣的大哥，在多年來承受了太多痛苦之後，變得脆弱、怨天尤人，再也無法爲家庭付出心力，只有酒是大哥最好的良伴。這其實是我們那個時代，許多部落族人共同有過的生命路徑：生活的艱辛，社會的不公。他們被社會規則壓制在最底層，無望脫離貧困。爲幫助家人而付出之後，自己也消磨殆盡了。當時的社會偏見經常認爲，原住民就是天性酗酒。其實，我的大哥在酗酒之前，也曾經是個顧家的好青年。

大哥的三個孩子幼小無助，年邁多病的父母親勉強接下扶養的擔子。在這段不安的日子裡，大哥不只是沈溺於飲酒和無所事事，有時苦悶不穩定的情緒爆開，不是找小孩麻煩，就是找父母親爭吵。父母親身體及精神受到大哥情況的折騰，加上扶養三位幼童，以及沈重的農務，使得兩位老人家頻繁到醫院報到，處境很令我擔憂。

數月後我由神學院畢業，主動與父母親商討，決定由我來扶養這三位小孩。畢業前夕，得知Knyopan（羅浮）教會向中會申請，讓我到該教會牧養，經泰雅爾中會中委會商議決定後，指派我到Knyopan教會牧會。於是我偕同姪女Ciwas Losing（吉娃斯）、Hana Losing（哈娜）及姪兒Hakaw Losing（哈告）搬進教會教師會館，展開我們新的生活。

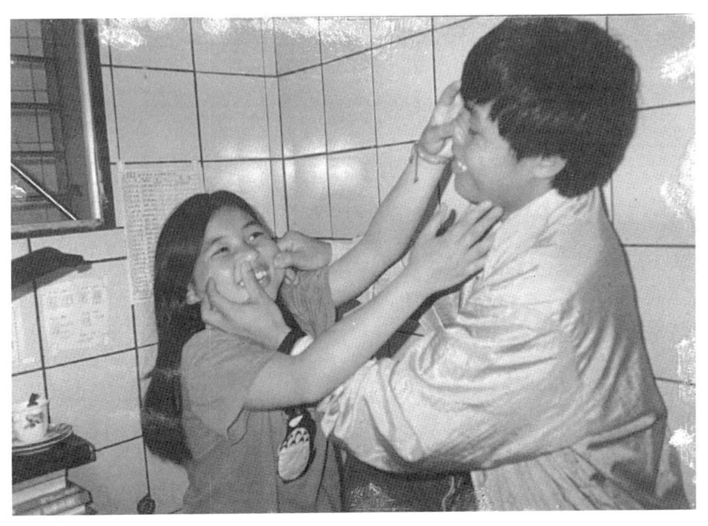

歐蜜成為「未婚爸爸」

教師會館總面積大約十二坪，兩間小小房間及室內廁所，沒有廚房，只在廁所旁擺設一張陳舊的餐桌。第一個禮拜，父親將山上老舊的鐵皮工寮拆了，將一片片鐵皮全部運到羅浮教會來，我們父子倆合力建造起一個簡易的臨時廚房。不過更傷腦筋的，是用水問題。

2
不平等的水源問題

屬於泰雅族Msbtunux流域的Knyopan（羅浮）部落。早期，居住於當地的住民百分百爲純泰雅族。但漸漸地，漢民族也漸進搬遷到羅浮地區。羅浮部落因爲地勢平坦，交通方便，鄰近又有小烏來瀑布、風動石、東眼山森林風景區、義興梯田，與橫跨大嵙崁溪的復興橋及大利幹吊橋等。因此也吸引建商也在這裡投資建置了好幾棟公寓住宅。但是，這樣一來，住民頭痛的民生用水問題就更加嚴重了。

連續幾週都用購買的礦泉水煮泡麵解決三餐。爲了方便起見，經長執同工及會友同意後，以有限的預算購得簡易水管材料，自行上山接引水源。教會有三位會友自願與我一起完成這項工程，彼此也約定好，下週一開始動工。在這之前，一位教會長老建議我最好要事先上山，勘查地形與水源確實的地點。

一早，這位熱心的教會長老Tazin（陳文輝）配帶全副武裝——刀子、鋸子到牧師館敲門，我聽到後，趕緊快速地穿戴工作服裝一起上山。從羅馬線（羅浮往關西鎮馬武督公路）路旁第二個轉彎處，直接進入山林。我們倆沿著山澗攀登而上，繞過巨石，穿過竹林與多刺的藤條，突然間，眼前橫檔高十幾丈的石壁。沒路可走之下，我問長老怎麼辦？還沒看到水源就沒路，我們不可能無功而返吧？Tazin（陳文輝）長老輕鬆自在地說：「不要問路怎麼走，泰雅族人只要在山林裡，到處都是路。」

聽來，以為是老人家開我玩笑，待我回神過來時，Tazin（陳文輝）長老這麼一大把年齡，居然已經沿著一棵靠近石壁高大的巨樹爬了上去，站在上方對我說，照他所走的路線爬上來。我只好硬著頭皮移動自己多肉又遲緩的身軀，努力往上爬。爬了一定高度時，又看到Tazin長老靈巧地抓住一條藤子，雙腳離開樹幹，實實地貼附在石壁上突出的地方，然後利用雙臂與腳力，輕盈地將身子蹬上石壁最頂處。說實話，我內心深處一直告訴自己放棄吧，就讓Tazin長老笑話自己也無妨。可是又想到自己初到羅浮部落，這件事必定會傳遍整個部落。於是心一橫，盡最大的力氣支撐早已佈滿汗水與不時顫抖的身子，緩緩地，沿著Tazin長老的路線，憑著短暫的印象，依樣畫葫蘆地做。

為了不讓老人家笑我是個不重用的泰雅青年，我死命地出力，提醒自己，儘量別往下看，「這是小事一樁，別怕，別怕」。緊張使我心跳加速，心臟跳動的聲音與顫抖的手腳，導致枝葉傳來沙沙的聲響，活像探險電影中每到情節扣人心弦、緊張萬分時的那種音效。老人挺善解人意的，故意岔開我的注意力，說：「歐蜜傳道師，我已聽到水聲了，好像快到水源地囉？」

我深吸一口氣，試圖平靜自己，確實聽到有細小微弱的涓滴聲傳。我緊張的心情頓時和緩下來，慢慢地保持住平衡，努力將身軀往巨石頂處擠過去。老前輩堅固的手伸了過來，緊緊握住我了的手。我終於「攻頂」成功了！

感謝主，平安、順利地攀爬到長老身旁，原以爲長老會誇獎我，但長老好像什麼也沒發生一般，待我平息好氣息後，長老一句話：「Cila la!（我們出發吧！）」雖然我是教會牧者，但森林裡是長老的場子。長老在有意無意中展現出部落耆老及獵人的性格，我也很認分地順服長老的命令。

走了一大段路程，我們兩人揮灑著汗水及間斷急促的氣息，我實在撐不住啦！只好心虛地告訴Tazin長老說：「長老，高台風景不錯，不如我們暫時休息一下，順便欣賞一下這附近的風景如何？」其實，長老早已看出我的窘狀，貼心地回答說：「眞的風景不錯，我們就在這裡休息吧！」。

滿頭大汗之餘，想趁機偷個懶，從巨石頂的至高處欣賞一下山澗的風景，卻發現一件令我心痛、生氣的事，就是好幾棵百年巨樹無故被砍倒。經Tazin長老告知才清楚原因，他說：「因爲原住民在外沒有工作了，很多從都市回來的原住民同胞會跑到山上找藤心來賣，聽說價錢很高。」我再追問長老，拿藤心就好了，爲什麼還要砍樹呢？長老回答說：「因爲藤心通常生在極爲陡峭的山壁間，況且藤心本身長有銳利的刺，採藤者爲保護自己，絕不會親自爬上去取藤心，在難度較高的地方，都會在藤心上方處找尋一棵可砍倒的巨樹，以順勢壓低藤心至離地面接近的距離，再予以採集。」在原住民同胞們的生活困境與環保意識之間，我的內心產生極大的悲哀與矛盾。

帶著低落的心情抵達水源處，環觀四周，有將近百條以上大小、粗細、顏色及規格不一的水管。橫的、縱的，沿著石壁與山澗溝間或用綱線吊在山壁兩端，引水下山。我們花了很長的時間尋找未被發現的水源地點，實在困難重重。原來地方上的幾家有錢漢人，幾乎佔住全部的主要水源。他們用四、五英寸不等的粗水管，將水引出，在約十公尺處，注入水泥製的大、中、小型蓄水池中。除了粗水管外，還有數十條無名指粗細的塑膠小水管，從其他較小的水源處，同樣將水集中到蓄水槽。再由這蓄水槽輸出手臂一般大的水管到自家裡。

我們兩人努力地翻動山澗石頭，挖掘左右兩邊的濕地。一度聽到細小水流動聲，高興且自信地叫長老上來看，以無比興奮的心向長老說：「我找到了，水源我找到了。」當長老來到我身邊，不以爲然地用手上的木杖，撥開層層腐爛的葉子，就從我腳下拉出一條細如無名指般的管子，正插在方才聽到細微水聲之處。我氣不過，順著細管而下，又是接到那一家有錢人的蓄水池裡。更氣人的是，從巨大蓄水槽的蓋頂上，水正在不斷地滿流而出。

在巨大蓄水槽頂上，又有人利用破舊及各種類不一的水管來迎接這多餘的水。那些破舊的水管，多半爲有錢漢人丟掉的、長短不一的管材。這些被回收使用、或極爲廉價的水管材料，大熱天很容易產生苔蘚而阻塞。使用這些水管的，都是原住民。更奇怪的是，原住民要用這些水管，去承接從水槽頂端滿出來的多餘的水，還要經這位有錢的商人同意才能獲准使用。

一趟探勘水源之旅，讓我感受到有錢人的貪得無厭。而貧窮者想盡各種方法，也得苟延殘喘面對每一天。求主施行祢的憐憫與公義，叫世人重新得著一顆清潔、簡樸、慈愛與飽足的心，更加能體會到上帝賜予泰雅族美好的文化，即是分擔與分享的精神。期待本部落社區住民們能在生命裡，吸納我族這寶貴的文化精神。瞭解救主耶穌基督犧牲的愛。

3
穿著裙子的男人

當年八月中旬，我將三個孩子的戶籍由巴崚部落遷入Knyopan（羅浮）部落，經由戶政事務所正式辦理遷戶手續後，才正式擁有屬於自己的第一本戶口名簿。看著戶名簿內寫著戶長歐蜜・偉浪，家庭成員：三個姪女、姪兒名字依年齡排列著，一種滿足驕傲的心情浮現於臉上。但同時也有一種緊張嚴肅的心情，扣在自己內心深處，我不斷跟自己說，千萬要堅強，不要被陌生的家庭生活、「煮夫」任務，及教會事務嚇到了。九月初，三個小孩順利由巴崚國小轉到羅浮國小就讀。

剛從神學院畢業的年青傳道師，面對陌生的教牧事工與部落族人，難免有些緊張不安。每天我除了除了禱告會、禮拜、探訪、教會行政，與區會、中會、總會的會議和活動外，也要爲孩子們預備早晚餐，清洗他們的衣物，整理這十幾坪的迷你房間。教會牧師館雖然空間小，但日復一日進行打掃整理，也是一項負擔。

每天早上，為孩子們找衣服、穿衣、盥洗、吃飯……，一陣混亂與吵雜之後，牧師館才又恢復原有的寧靜。孩子們出門上學，我便仿照Kyopan部落婦女的習慣，清早在家門前清洗家人的衣物。部落婦女會在太陽升起前完成洗衣，讓衣服得到充足的陽光曝曬，達到殺菌與涼乾的功效。

由於前任年邁的教會牧師家住在鄰近的Sbtunux部落，開車只需約莫20分鐘車程，因此老牧師平時來回自己的家，很少使用牧師會館。教會幹部於事認為沒有必要增設廚房及洗衣機等設備。我對洗衣並不陌生。由於家住遍遠深山部落，國中三年住校，必須自己打理生活起居，特別是清洗衣物。多年後的此時，要手工清洗三個小孩子的衣物，對我自然不成問題。

我從小就看慣了母親在簡陋的家屋前，擺放一塊從河邊搬來的扁平石塊當洗衣板。母親有時在自家門前，偶而在家附近小溪洗衣，洗完後，母親會將衣服及褲子掛在矮小的灌木上，或是懸掛在大樹橫生的枝幹上，耀眼的陽光，碧綠的溪流，五顏六色的萬國旗展開在天空下。我也學母親的方法，到溪邊選了塊扁平石塊，放在教會簡易廚房正門的空地上，就在那裡洗衣。

教會位於北橫公路邊，在高於公路約二層樓高的邊坡平台，清早洗衣服時，總會看到許多上下山的車輛經過教會，有許多是熟悉的部落親戚或朋友。

當他們路過教會時，總是將車子放慢速度或是按個喇叭和我打招呼。偶而，熟識的司機先生或車內的部落族人們，從車窗探出頭來，以戲謔的語氣調侃我說：「Omi Wilang Rerosi，likuy na Tayal ga baha smi thawak hiya lga?」（泰雅語：歐蜜．偉浪堂堂泰雅男人何以穿著裙子呢？）言下之意是，一個泰雅男子怎可從事女人的雜務。

雖然是調侃的玩笑話，但還是令人渾身不舒服。其實這種觀念，實在是把家務污名化。爲什麼家務只能由女性負擔，又爲什麼男性負擔家務要被看不起？雖然沒道理，一時也很難爭辯。我乾脆把洗衣的時間調成每天晚上十點以後。待我忙完洗衣，把衣服晾起來，族人們都已沈浸在睡夢中。隔天一早，太陽升起時，洗好的衣服早已掛在教會前的曬衣架上。

新學期開始，要爲三個孩子們的長短袖制服縫上新學號，這項工作也花了我兩個夜晚時間，好不容易把六件衣服縫好。寧靜的Knyopan部落，伴隨著稀落的蟲鳴聲，看著他們呼呼沈睡在夢中，我心裡卻擔心，這三個來自深山的孩子，能否適應原漢混合的這所學校？陌生老師的教學方式，他們適應得來嗎？他們身邊無父無母，會不會遭受同學們嘲諷、歧視呢？如此不可知的未來生活，我能應付得來嗎？想著想著，竟然睡著了。在睡夢中，忘了縫補時手指被針刺痛的感覺。

有一對來自後山部落的中年夫婦，丈夫是往返山區的部落公車駕駛，常在下班回家路過Knyopan教會時，停下車來與我大談原住民社會與政治的問題。在他身邊、學歷僅小學畢業的妻子，對丈夫慷慨、激昂的演說茫然沒有太多反應，總是當丈夫眼神投向她時，她才擠出一絲笑容回應，丈夫常會對她破口大罵：Pakun ru nguciq na knerin, nanu baqul su isu hiya la!!（泰雅語：愚蠢又毫無知識的女人，妳懂什麼！）

聽來令人心寒，在我看來，男性需要自省。有的部落婦女整天照顧家庭，處理家務，不但要考慮三餐煮什麼，孩子們生活缺了什麼，家裡需要添購什麼，還要跟隨先生到農園耕作，回家更要伺候情緒無常的老公。長時間下來，部落婦女照顧著所有生活瑣事，丈夫卻用「愚蠢」、「沒知識的女人」來羞辱她，我覺得這是丈夫人格及修養的問題了。

因爲扶養著三個孩子，使我認識到「家庭管理」的不容易。這些傳統上被歸給女性的任務，眞的很艱難，很偉大。但我學習，並且思考如何成爲一個具備泰雅慈祥的YAYA（母親）角色，又兼具勤奮又顧家的YABA（父親）的特質，爲這三位小孩補償過往破碎家庭下的傷痕心靈，帶來喜樂與平安。

穿著裙子的泰雅男子，Lokah（加油）！

4
羅浮教會的「拉撒路」：我的牧會初體驗

1992年深秋，封立羅浮教會傳道師剛屆滿三個月的我，滿懷著活力推動教會各項事工。蕭蕭清涼的秋風，吹黃了教會石牆邊的小草。那一個月，羅浮社區突然出現數十隻身上長滿毒瘡的癩痢狗，品種五花八門，有巨大的秋田狗、有

一隻名為拉撒路的狗

迷你型的吉娃娃狗、哈巴狗、獵犬及雜種狗　。聽社區婦女說，這些都是都市人養膩了，帶到山區丟棄不要的狗。曾是被人所寵愛的名犬，現在卻悽慘到令路人作嘔、遭人驅趕的地步，令人不勝噓唏。

時間一久，野狗數量劇增。由於沒有固定餵食，餓狗開始搶奪或攻擊手上握有食物的小孩，甚至偷襲社區飼養的家禽，牠們身上散發出的惡臭更是令人難以忍受。基於孩童們的安全及部落（社區）衛生問題，村民便向公所反應。很快地，鄉公所委託桃園縣捕獵隊來捉殺這批野狗。

有一天，一隻削瘦身上長滿毒瘡的野狗跑來教會。它那幾撮黑白相間的毛髮，稀疏長在毒瘡與毒瘡之間。牠是那麼地虛弱，無望的眼神，自卑又懼怕。這隻狗就如同穿著單薄破衣的流浪漢般，縮著滿是瘡傷的身子偷偷走到教會牆角，不時地打顫。牠是爲了逃避捕獵隊而來到教會尋求一個躲藏之地的。我心想，我是個宣揚主耶穌基督愛心與眞理的「傳道者」，「應該」要愛護上帝創造的所有動物，「應該」成爲教會教友及幼童信仰模範才對。就這樣，我「刻意」收容了這隻狗。但我也知道，這份「樣板愛心」不會持續太久。

平時，這隻狗靜靜縮著身體，躲在教會牆垣的死角處，偶爾會到教會小廣場緩緩漫步，一見到教友或陌生人便快速逃到牆垣死角處躲避，而且持續不停地顫抖著。

日子一天天過去，或許這隻狗以爲，我丟了幾口剩下的飯菜給牠，我就是牠的主人，而把這裡當成牠自己的家了。從來不曾吠叫的牠也不知道什麼時候開始叫了起來。不但如此，還會追趕其他進入教會範圍內的狗。令教友頭痛的是，每逢聚會時間，牠開始在會場內亂叫亂跑，甚至隨處拉尿屎，加上那令人難以忍受的臭味，使每一位會友厭惡至極。而我，則以「愛及萬物」的大道理教導會友們，以此自滿。信徒暫時不「處理」這隻狗，全是看在我這一位傳道人的面子。而我自己內心深處呢？其實當我面對這隻醜陋的野狗，也常感到厭惡，只是我不會顯現在外表而已。

一個禮拜天的上午，教會召開小會會議，有一位長老再也忍不住了，便直接提出臨時議案說：「爲了教會兒童安全和衛生問題，以及顧及聚會時的寧靜，建議把這隻癩痢狗趕出教會外。」這個提案得到大部分在場同工熱烈的支持與回應。而我自己這一張票，雖然我有著莫名的信仰虛榮心，其實內心深處也與教會同工群們想法一致，於是我也不再堅持護著這一隻狗了。隔日，利用聚會時間，我以該堂傳道師的身分宣佈決議內容，呼籲所有本堂會友只要看到這隻癩痢狗出現在教會範圍內，務必將它趕出教會之外。而信徒們也都認爲，早該如此做了。

未來的每個禮拜天，無論是大人小孩，一見到這隻野狗就打。大人及孩子們不是用腳踢，就是以木棍、竹子、石頭伺候。這麼一來，追打野狗便成爲教會小朋友週日的遊戲。

可是，這隻狗說來奇怪，無論我們怎麼趕都趕不走。打牠，牠就是離開一段距離，趁人不注意時又溜回來。即使不餵食，牠就是死賴著不走。說實話，我身爲宣揚愛心、傳佈眞理的「傳道師」，也不知留下多少個腳印與竹子打傷的絡痕在這隻癩痢狗身上。現在回想起來，眞是慚愧無比。

一段時間後，無異間發現，教會主日學的小朋友們在受到大人鼓勵，追打野狗的行動下，每位小朋友們打法越來越粗暴，無形中性情也跟著暴力了起來。當每週日兒童主日學課堂上，老師們在台前講關於「包容」與「愛心」的故事時，小朋友們則在台下相互的謾罵與追打，老師怎麼勸都勸不來。

有一個禮拜天早上，一位長老看到這隻癩痢狗躺在教會正門邊，瞬間憤怒地叫罵著：「Kin-yaqeh! qotux sknux na hozin qani, pqelun misu balay lwah!」（泰雅語：你這隻可惡的臭狗，我非要打死你不可！）長老不知從那裡拿來的一根粗木棍，二步變一步快速地朝向這隻狗身上打下去。我想，如果這麼一打下去，這隻野狗不死才怪。當長老的木棍還未舉到至高點時，野狗機警、快速地往我這兒跑來。長老尾隨在後。就在離我半步的距離，這隻狗突然停了下來，全身趴在我正前方，不停地顫抖，頭朝著我看。我清清楚楚地看到，在牠的眼眶裡有淚水。牠那深切哀求、驚嚇的眼神直視著我，彷彿我是牠狂濤駭浪中的一塊舢舨或浮木一般。我從「認識」這隻癩痢狗的第一天起，從來沒有正視端詳過牠的容貌，今天是我與牠距離最近的時刻。再虛僞、再沒有愛心的自己，看了那雙濕漉漉懇切哀求的眼神後，下意識地阻止了長老的棒打。我肯定地告訴長老說：「不要打牠，我要正式收養這隻癩痢狗。」長老愣在那兒，一時說不出話來。

接下來一個多月的時間，我親自爲這隻狗洗澡治療。一開始，牠身上毒瘡腐爛的惡臭讓我受不了，好幾次大量嘔吐。狗身上的蝨子之多令我驚訝！經過藥物治療後，爛瘡逐漸癒合，毛也長起來了。

溫暖的春天到來，替羅浮教會四週的山巒換上一套美麗清新的綠衣裳。教會外的菊花正綻放嬌艷的花蕾，提供蝴蝶公主與蜜蜂王子一個美好的空中舞池。

這隻曾經患了皮膚病的癩痢狗痊癒後，變成了一隻英挺好看的公狗。黑白相間的毛髮長滿了全身，在陽光下閃出亮光。看過的朋友們幾乎都喜歡牠，靠近牠，主動餵食。癩痢狗變成吸引人目光、受人喜愛的狗了。

家中三個孩子提供許多名字，小雄、金剛、吉米……。我卻獨斷地硬要給它取名爲——拉撒路。孩子們希奇又不服氣地問：「叔叔！這什麼鬼名字呀！」我於是耐心地告訴孩子們這一則聖經故事：

「從前有一個財主……每天過著窮奢極侈的生活。同時有一個討飯的，名叫拉撒路，渾身生瘡；他常常被帶到財主家的門口，希望撿些財主桌子上掉下來的東西充飢；連狗也來舔他的瘡。後來這窮人死了，天使把他帶到亞伯拉罕身邊。財主也死了，並且埋葬了。財主在陰間痛苦極了。」（〈路加福音〉十六章19-23節，現代中文譯本）

講到這裡，我簡略地向孩子們交代說：「《聖經》中的拉撒路身上長滿毒瘡，死後卻在天上過著幸福的生活，因爲他的疾病被醫治，更重要的是他的靈魂也得救。我們這隻狗也曾經長過瘡，認識我們後才得著醫治。他們兩個的遭遇是這麼地相似，不如就叫牠『拉撒路』吧！」在我半強迫，半推銷之下，三個孩子勉強接受。於是，癩痢狗正式正名爲——拉撒路。

我家的狗——拉撒路，於1996年深秋被不知名人士下毒身亡，我們叔姪四人也在那一年搬離羅浮教會。我轉任到桃園都市的一間小小原住民教會——擔任龍泰教會的傳道師。我懷念拉撒路，牠用牠的餘生讓我這一位「財主」，看見自己的虛僞與有限，也學到了悔改、尊重與關懷。求主繼續赦免我、教導我，看在我裡面有什麼惡行沒有，引導我走永生的道路。單純、可愛、忠實的狗——拉撒路，我們全家，吉娃斯、哈娜、哈告和我都好懷念你，懷念你與我們同在的每一時刻，願你安息。

5
美麗的邂逅

1993年清華大學球場上，正舉辦一年一度「泰青盃籃球邀請賽」（泰雅爾族青年盃籃球邀請賽）。這一年，泰雅爾族三大族系Mknazi（馬卡納奇）、Malipa（馬立巴）及Mliqwang（馬利闊丸）系統的各部落青年熱烈參與。這次活動由台灣基督長老教會泰雅爾中會青年事工部主辦，參加的隊伍及人數比前年更多，活動在激烈競賽中順利結束。

我服務的Knyopan（格尼尤板，又名羅浮）教會青年從未參與這麼盛大的競賽活動，但爲了讓羞澀的教會青少年能有更多向外參與體驗及學習的機會，我不斷鼓勵部落青年們說：「我們志在參加，打籃球一來可結識更多部落外的朋友，二來也可以在信仰與生活中有好的交流，最重要是開心就好。」結果出乎我意料之外，原本志在參加的Knyopan（格尼尤板）教會青年們，居然在二十多隊伍中脫穎而出，勇奪當年1993年泰青盃總冠軍，我以這一群部落年輕人爲榮爲傲。

記得當天下著濛濛細雨，冠亞軍賽競爭非常激烈，即使對籃球外行的我也看得異常地緊張。爲平息內心的緊張，我來回踱步於球場邊，口中不時爲自己教會的青年加油打氣。在這同時，看到一位身穿白色外套、黑色牛仔褲，雙耳垂掛一副漂亮耳環、長髮飄逸的白浪（非原住民統稱）女子，悠閒地坐在記分板旁。當我緊張地爲自己部落球隊加油，不斷地在球場邊來回走動，雙眼則不時朝向計分板望去，於是我的目光不經意地和她交集。但！雙方似乎沒有留下什麼深刻的印象。若有，僅只是我記住了這一位白浪漂亮女子專注在欣賞那一場球賽，如此而已。

球賽結束後，帶著勝利者的喜悅心情，安排教會長老陪同教會青年回部落，我被鎮西堡教會 Atung Yupas（阿棟・優帕司）牧師及宜蘭寒溪教會Utux Lbak（烏杜夫・勒巴克）牧師帶往清華大學小吃部吃晚餐。正巧，就在小吃部大門又遇上了那位計分板邊的白浪女子。她換了衣服，一襲深色典雅的連身長裙，加上一副漂亮的墜子掛在她的雙耳，好漂亮、成熟又有氣質。她主動向Atung牧師打招呼，走到牧師身旁，看樣子就好像一家人般快樂地談話。我仔細看著這一位明明是白浪的女子，卻不時展現出一種原住民隨和親切又自然的感覺。有時她說起話來，在每句話的尾音會有時而上抑或下挫的聲音，這其實是原住民部落族人說中文才有的特別音調，居然從這位陌生的白浪女子口中說出來，眞是令我很希奇。聽她說話很難讓我不注意到她，看著她舉手投足，自然流露出濃厚的鄉村、部落性格，卻又不失高雅深度的氣質。當時，有莫名特別的感覺，令我感到納悶，我爲何這麼在意這一位陌生的白浪女子呢？

Atung牧師向我介紹這位女子。原來她叫江寶月，來自宜蘭縣羅東鎮人，就讀清華大學社會人類學研究所三年級。Atung牧師特別強調這位白浪女子有一個泰雅族名叫Pitay（寶月），是一位新光部落Tali Behuy（達利・貝夫宜）老牧師爲她取的名，事後我得知Tali牧師也是Pitay的乾爸爸。在吃飯期間Atung牧師半開玩笑地繼續介紹說，Pitay最擅常於研究各形各色的「人」，就像我這一付嘴臉，又蓄著山羊鬍子，是Pitay最喜歡研究的對象，所以才叫什麼「人類學」嘛！大家聽到牧師這麼俏皮地解釋，都笑成一團。在場每一位做完簡單介紹後，我也主動跟Pitay握手，Pitay客氣地向我們每一位道別。如果Atung牧師沒有介紹我們認識，我會誤以爲Pitay是清大的老師哩！

日子雖然忙碌，但我總喜歡抽空到各部落與耆老們對話聊天。經過Atung牧師安排，前往泰崗部落拜訪一百多歲的yaki（泰雅語對阿嬤的尊稱）Yunun長者，我們約好下午三點在竹東牧師家會合後再一起上山。待我停好車，一進牧師家客廳，一眼便瞧見熟悉又親切的Pitay面容，她向我淺淺微笑與致意，阿棟牧師說明Pitay要與我們一起上山拜訪yaki Yunun，剛好她清大碩士論文寫有關泰雅婦女的議題。據牧師說，爲了拜訪yaki Yunun，Pitay早在一個月前與Atung約好，請牧師協助她上山並做泰雅語翻譯的工作。

十月的秋風，烘托著馬里闊溪兩岸山林枝葉，染成了紅、黃、綠各種顏色實在是美極了。我的老戰車，好不容易抵達泰崗部落，多處烤火寮升起熅熅輕煙。牧師帶我們進入一間烤火寮，由火堆灰暗的餘光中照映著一位年邁的泰雅阿嬤，經牧師介紹才知道這位就是我與Pitay慕名而來的——yaki Yunun。

Atung牧師流利又詼諧的泰雅語，逗得百歲阿嬤哈哈大笑。看著烤火寮暗處一角的Pitay，火堆微光照映著她專注聆聽牧師與阿嬤的對話，雖然她聽不懂泰雅語，卻依稀看得出歡喜的臉龐。不知經過了多少時間，我開始自然地加入閒談的行列，在百歲人瑞面前不斷秀出自己最自豪的泰雅語，只要阿嬤開心大笑，就表示我的族語還可以，能跟得上牧師的水準。就在我目光再次注意Pitay這位年輕貌美的清大女研究生時，我意識到她這次上山目的是爲自己碩士論文作田野訪調。我趕快踢了一下牧師的腳，示意他留點時間給這位研究生。Atung牧師也驚覺我們花太多時間閒談了，便開口對Pitay說：「對不起！我們花太多時間了，現在該妳來問阿嬤，我替妳翻譯。」Pitay看著年長阿嬤，再轉向牧師說：「謝謝牧師，我看阿嬤坐太久，可能累了，我的訪問下次再來，沒問題的，就讓阿嬤早點休息。」我聽了Pitay這麼貼心對待部落年長者，內心著實被她感動了。

帶著疲憊的身體轉往鎮西堡部落過夜，牧師安排我們住在同一戶人家，二間房間相隔不遠，當夜正下著大雨，在入睡前Pitay隨著雨聲吟唱著《黃昏的故鄉》：「叫著我，叫著我；黃昏的故鄉不時地叫我……。」當晚疲憊的身體伴隨著Pitay這首台語歌謠沈沈入睡。一大清早，被Atung牧師高吭的嗓門叫醒來，Pitay早已經梳妝完在餐桌前等我們共進早餐，待大家吃完早餐後，牧師私下拜託我下山送這位研究生到清大，他自己要在部落處理教會事務及田園工作，就不隨我們下山了。

從鎮西堡到竹東鎮最快也要花上一個半小時車程，我和Pitay在車內彼此客氣地話家常。因昨夜下大雨，蜿蜒的道路上會發現大小石頭落在馬路中間。我習慣性地會去移開路中央的石頭，以免摩托車不小心摔跤。一路上我上下車不下七次去移石頭。有一次不經意由車窗外看見Pitay用相機對準我拍照，瞬間有些不自在。到了清大，我看她的眼神自然是很不自在，問自己爲何如此？自己心裡清楚知道——我欣賞她。

6
逐夢踏實，不在乎天長地久，只在乎曾經擁有

從鎮西堡部落下山後，重拾牧師及家管的生活。當格尼尤歐板（羅浮）部落旭日初升時，有一股莫明強勁的旋風，直達到我內心深處，我那一潭平靜的心湖泛起陣陣的漣漪。面對這泛白的蒼穹我忐忑又不安，是我戀愛了嗎？還是我虛構中的飄渺期待？ 突然間姪女由室內傳來「叔叔電話」的喊聲。我心想，教會信徒一大早打電話必定有重要的事情發生，我緊急接起這通電話，以泰雅語說：「Ping-an Omi Renrosi kuzing, ima sunan hiya pi ？（平安，我是歐蜜傳道師，請問您是那一位？）」對方停了一下才開始回答：「我是清大的江寶月，泰雅名叫Pitay，跟你在鎮⋯⋯。」話還沒聽完，我已經倉皇失措、支吾其詞地回答：「對、對不起，我、我以爲⋯⋯是教會信徒⋯⋯妳好妳好⋯⋯」 彼此寒暄後，Pitay所關注的話題不離我家中的三個小孩。從那一通電話後，我們幾乎每兩三天就和彼此熱線聯絡。幾週後，家中三位孩子開始對Pitay反感，外來的電話孩子們搶著接，只要是Pitay打來必然一句「叔叔不在家」隨即掛斷電話。有一次

我接到Pitay的電話，她將此事告訴我，並以理性又溫和的語氣向我說：「這三個小孩必定擔心他們叔叔會被我這位阿姨搶走，我會耐心地與孩子們建立好關係。」事後才知道Pitay為了能瞭解童年時期的心理狀況，花了好多時間到清大圖書館閱讀有關孩童的書籍。

幾個月後，Pitay邀請我及三位小孩到清大玩，她為孩子們細心安排放風箏、校園湖畔餵魚、也在清大草地上玩遊戲，她的真誠與純真很快地被我家三位孩子接納。 我與Pitay沒有太多時間好好談戀愛。寶月為碩論及未來再深造而忙碌，而我呢？教會事務、養育孩子及原民各項事務也讓我忙得不可開交。要約Pitay會面談心，也要有十足的理由和事情才能見面。記得有一天，她打電話邀請我前往新竹市與她見面，我開車到清大接她，在車上她告訴我說，在市區認識幾位泰雅女性，因為是最好的姊妹淘，特別要帶你去與她們見面認識。我記得好像是新竹市圓環有幾間舊式眷村建物，而這幾間都有不同女性租用，她們從事無牌的特種行業。

Pitay領我進入一間小小建物，裡面有三位操泰雅語的女性姊妹，Pitay與她們好像姊妹一樣地問候，接著才正式介紹我這一位泰雅男朋友。當她介紹我是位教會傳道師的時候，這三位姊妹快速收斂輕浮的笑臉，嚴肅又害羞地說：「拜託，今天的會面千萬不要讓某某牧師知道好嗎？拜託您了。」我聽了這三位姊妹的話，馬上瞭解她們是從哪一個泰雅部落來的。我誠懇地向她們保證，絕對不會告訴部落任何人。因爲我們用泰雅語對話，只見女朋友Pitay滿頭霧水。

到了傍晚，有客人上門，我與Pitay告別這三位部落姊妹。走在昏暗的新竹街頭，天空突然下起毛毛雨，在細雨中Pitay停駐腳步，看著路邊一張簡易單薄的雨布，有一名年老的流浪漢正用顫抖的雙手搭起避雨的地方。Pitay以憐憫的雙眼跟我說：「歐蜜，等一下一定會下起大雨，我們趕緊幫這位老先生搭好避雨的地方吧！我看了一下，這需要更大一點、更堅韌的帆布，還要買固定的繩子。我們倆快速找到五金行，購買需要的東西，再回到那位老先生的地方，不到半小時就搭好堅固的臨時棚子。此時雨開始越下越大，我們安心地離開新竹市。原本以爲Pitay會特別預留點相處的時間，結果一到清大Pitay就催促我趕緊回家照顧孩子們。

Pitay在畢業前夕，突然感覺肚子絞痛，而前往新竹市醫院就醫。一開始誤以爲是胃出血，直到痛到不能忍受，Pitay只好有求於我說可否送她前往林口長庚醫院就醫，我爽快答應。到了林口長庚醫院，立即接受檢查後，醫師略顯嚴肅地對我說：「請問您是江寶月的什麼人？」我聽到這句話，心裡直覺不妙。爲更清楚理解，我編了一個理由說「我是江寶月的未婚夫云云」，醫師才放心將實況講給我聽。簡單來說狀況不樂觀，需要立即動手術。手術後的Pitay非常堅強與樂觀，接受來自醫師、中研院及研究所許多老師與同學們的建議：氣功、飲食、針灸、中藥等等。由於寶月的宜蘭家人們居住距離遙遠，我答應在教會工作之餘會盡全力到醫院就近照顧，我的承諾也讓宜蘭家人們放心交託。

經過一個月的陪伴與照顧，醫師清楚告知我，寶月的時間不多了，請家人們做好心理準備。從認識Pitay開始，其實我內心早已認定她是我追求的伴侶對象，一年多來由於彼此都忙，沒能適時表白自己的愛慕之情。面對醫師巨大又震撼的消息，我下了一個重要的決定——正式向Pitay求婚。在照顧與陪伴中，我委婉又堅定地向她表白我的心意與抉擇，沒想到Pitay只是略略微笑對我說：「歐蜜，我知道你是善良又有愛心的人，我不願意接受教會傳道師這一份施捨的愛，無論如何還是謝謝你，很高興在生命中擁有你這一份情誼。」儘管我再三表白這是我眞實的愛，現在及至未來也不會改變，多少次堅定的承諾與柔情的告白，她依然淡定並微笑面對我。我清楚知道Pitay比誰還清楚瞭解自己身體狀況，這份淡定與微笑也許是她最後的覺醒與尊嚴吧！

隨著時間流逝，Pitay的病情加速惡化，在屈指可數的寶貴時間中，就在那一夜，我一點睡意都沒有，全神貫注盯著心愛的人微弱的氣息，忍不住輕輕叫醒她，她緩慢張開眼看著我說：「你怎麼哭了！」我挨近她的身旁，輕聲、和緩又堅定地向她傾訴衷情：「無論妳怎麼想怎麼看我，我仍然要清清楚楚地向妳訴說我的心意，我向妳求婚不是憐憫與施捨這麼簡單的愛，而是眞心眞意的愛著妳，與妳結婚無論能擁有多少個日子，遠遠勝過四、五十年的怨偶，不要怕！答應嫁給我。」她睜著大大的眼睛看著我，雙手緩慢朝著我的臉抬起，我迎向她溫柔的雙手，她的手輕輕撫摸著我的臉頰，而我耳邊突然傳來咳嗽與啜泣聲。我抬起頭來，面向佈滿淚水的Pitay，她清楚地向我說：「我願意！但有三件事必須要你同意，第一、我要受洗成爲基督徒。第二、戶口名簿不能登錄江寶月的名字。第三、未來你必須要再結婚。」 我不加思索，一下子當場回覆：「我答應妳！」我們倆相擁而泣，再也說不出話來。

我們要在短短兩天時間內完成所有婚前的準備。首先我必須告知我父母親，感謝主，父親母親對這位從未謀面的媳婦與他們的兒子歐蜜．偉浪充滿信任與支持。更感謝宜蘭的岳父母及大哥、大嫂和大姊、小妹們對我的接納與祝福。婚禮籌備全由Pitay摯愛的清大社人所和大學同學們張羅。教會婚禮程序委由Utux Lbak（烏杜夫．勒巴克）牧師負責，他特別邀請鎮西堡教會Atung Yupas（阿棟．優帕司）牧師及Laysa Akyo（萊撒）牧師負責受洗儀式，由尤哈尼．伊斯卡卡夫特傳道師福證，並由Pitay的老師中研院兼任研究員林美容教授及音樂家林道生老師說祝詞。我們婚禮訂於1994年10月2日，地點就在林口長庚醫院化療室。當天除了前面所提到的所有朋友及家人們（對他們我致上深深感謝）之外，還要感謝遠從新竹後山新光部落前來的Pitay的乾爸爸媽媽Tali Behuy（達利）牧師夫婦和所有家人們，因爲我是他們的女婿。另外，我的好同工好朋友Yarah Pihu（蔡成功）牧師曾爲我跟Pitay在霞雲部落合照，也是我們當時唯一一張合照，這張照片也成了我們的結婚照。婚禮當天，家人及牧者同工

病榻的愛情 結婚三天 新娘謝世

江寶月罹患腸癌病故 斜風細雨中 夫婿含淚舉行告別式

83.10.11 中時

編撰縣史 等不及完稿

宜蘭的女兒 忍心先去了

不在乎天長地久 只在乎曾經擁有

悼亡無限恨 來世再築夢

上：病榻的愛情 / 江寶月：右一
下：新聞剪報

們合唱《感恩的心》，順利完成我與Pitay隆重又莊嚴、神聖的婚禮。

婚後三天，我帶著愛妻Pitay寶月回到宜蘭羅東順安家。她就在她一生最愛、最溫暖、喜悅的宜蘭家及丈夫懷裡安詳離世。 朋友們問我，爲何延到28年後的今天才開始書寫這一段刻骨銘心的感情？過去雖然有幾篇媒體報導，但對我而言，有很長時間我無法完整訴說這一段艱辛的歷程。這是我第一次用自己的文字寫出這段回憶。我很感謝宜蘭最愛的家人們，一直到現在仍然在乎並肯定我這一位來自拉拉山的原住民女婿，您們親切與無私地接納我成爲家人，是我在那一段最苦澀的日子裡最大的安慰與支持，誠心感謝宜蘭家人們的愛。

與Pitay結婚六年後，我終於履行了對她的承諾，與來自比亞外部落善良、美麗又謙和的Sabi Nobu（莎菲依．諾佈）結婚。Sabi完全認同宜蘭的父親及母親，兩位老人家也把她當成女兒一般地接納。我與Sabi結婚生了二個小孩，不知是巧合還是冥冥中的注定，我與Pitay（寶月）結婚之日爲10月2日，七年後的10月2日即是大兒子的誕生之日。我是一位牧師，深深瞭解許多事情需要親身感受與理解，才能體會來自上帝奇妙的恩典，在樸實又平凡的個人生命中，更能認定每一件事情必然有上帝更深的攝理與期待，因爲深知沒有任何一件事是無意義的。

7
我的愛妻Sabi Nobu（莎菲依・諾佈）

同意前妻寶月婚前三項承諾，第一項她要受洗成爲基督徒。第二項不得到戶政辦理結婚註記。第三項要我一定要再婚。前二項我都照約定執行，第三項一直到寶月蒙主恩召第四年後我才開始認眞考慮。

認眞考慮主要原因是三個大哥小孩的養育以及教會繁雜的事工，眞的需要女主人的協助會比較完整。經過一段時間考量後，決定找有孩子的單親女性做爲追求的對象。這一點很多朋友瞭解，善意地介紹許多優秀有作爲的單身女性名單給我，而我內心隱藏著自己是已婚、年長又有孩子的自卑心態，爲求公平對待小孩及可持續的家庭生活，選擇已有孩子的單親女性便成了我努力追求的目標。在一場原住民論壇中認識了一名女性，詢問她前夫如何蒙主恩召，她說：「我從事美容美髮工作，丈夫罹患直腸癌過逝，目前育有二個小孩……」說到這裡，我心中好像被雷閃到一般，我們的遭遇竟然如此相似，我便開始殷勤地追求並表達個人的情意，經過一段時間，透過她家屬告知她早已有意中人，這段短暫單線的追求之路便無疾而終。

情場上毫無頭緒之際，部落一位長輩介紹我一位就讀台北護理學院二年級的部落少女，爲了情感能早點有所歸屬，也就不在乎已婚或未婚的對象了，在短短二個月中，我努力向這位姊妹寫情書及拜訪表達自己眞誠的情意，沒想到，這位姊妹已有二年交往的朋友，爲此，我決定封閉對異性的情感世界，努力養育三名大哥孩子和專心牧養教會及投入原住民權利運動，認爲一生也值得。

又過了二年，巴燕．達魯立委在五峰自己的山莊舉辦一場暑期原民大專青年研習營，大會特別邀我主講一場有關原住民權利運動的課程，演講結束，委員夫人特別交待我可否帶一名學員下山，而且這一名女學員是巴燕委員的乾女兒，有事要提前下山，我一口答應，瞬間這名女學員出現眼前時著實讓我驚嚇，原來是我前二年追求就讀北護的部落少女—— Sabi Nobu（莎菲依．諾佈）。一到竹東，特別邀她到竹東麥當勞喝杯咖啡，她爽朗的答應了。問了Sabi的生活及感情狀況，她也恢復單身了，自己也瞭解感情不是勉強更不是應徵，傳遞幾份履歷（情書）就可了事，在未來的日子，很自然地彼此有了交往的基礎，才正式譜出這段戀曲。

我與Sabi Nobu於2000年10月18日前往戶政結婚申登。育有一男一女，大兒子R'ra Omi（勒俄臘．歐蜜），女兒Tminun Omi（德米諾．歐蜜），目前大兒子就讀大學三年級，女兒高中二年級，二個孩子乖巧又孝順父母。另外，二名侄女Ciwas Losing和Hana Losing都成立家庭，侄兒Hakaw Losing在外謀職。

我的妻子Sabi的美善如同我岳父母一般的成熟又善良。成婚後，每年過年，通常都是妻子提醒我務必要前往宜蘭爸爸媽媽家拜年，甚至山上有任何農作物妻子總是會惦記著宜蘭親人們一起分享，我本來以爲Sabi對於前妻寶月和宜蘭親人會感到有些尷尬，沒想到她是如此的善解人意又親切的人。

我與妻子完全是白手起家，我們都是部落一般農戶的家人出生，所以我們努力工作賺錢，但因爲我家庭問題叢生，大大小小各樣問題大部分都是我們夫妻面對解決，特別是金錢，十多年來沒任何積蓄，每月雖有雙份薪水，但爲應付大家庭的需求，一到月底總是見底，就這事情，我的愛妻Sabi從來不曾計較或是跟我爭執。

我母親中風臥床12年之久，雖有外籍看護協助，大部分仍要妻子張羅，特別在那段日子，孩子們還小，又加上兄弟離異增加二名姪女共四位小孩，全由愛妻細心照料。妻子Sabi北護畢業後從事長庚醫院工作，之後考上衛生所公衛護理師多年服務後再轉往擔任學校護理師至今。

我長時間都在台北及全國從事台灣基督長老教會總會事

務，加上原住民族各項權利運動，相對待在家的時間很少，妻子肩負了多重的工作壓力，但沒有任何怨言，默默又認眞的張羅家庭和學校的工作。2014年她榮獲「桃園縣模範公務人員獎」，同年也獲頒「桃園縣優良護理人員獎」。今年（2022年），桃園市族語競賽由愛妻帶領的二名學生勇奪雙料冠軍，許許多多的成就愛妻認爲不值得一提，她常強調「只要踏實、努力並用心面對每一件事，就不會愧對自己。」樸實就是愛妻的特質，Sabi在丈夫眼裡是位謙卑、願意分享、愛心、低調、美麗又有才華的泰雅女子。

我特別要加以紀錄的一件事情是，我們最敬愛的母親在世存留最後一口氣，就是在愛妻懷裡安息的，我眞的很感謝我的妻子Sabi Nobu（莎菲依・諾佈），誠心地說聲：謝謝妳，老公愛妳。

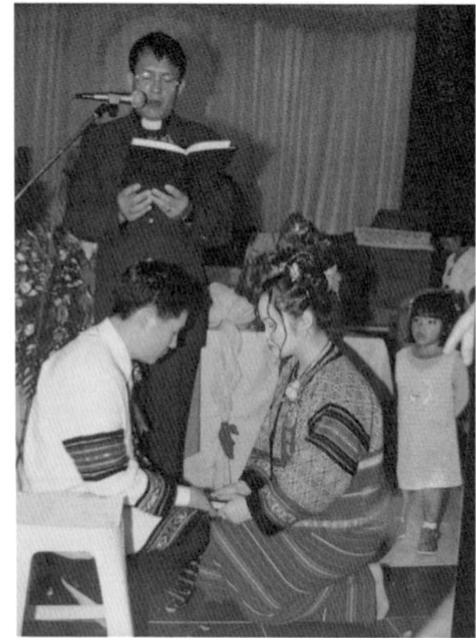

左上： 由巴陵教會李保盛牧師為莎菲依及歐蜜證婚
右上： Omi與Sabi結婚宜蘭全家人合影
右下： 與妻子Sabi Nobu合影

.BOX.

〔家園對話〕

野犬「拉撒路」

林益仁

閱讀Omi牧師的野犬「拉撒路」一文，讓我的心觸動不已。去愛一個眾人都嫌惡的對象，是多麼難的事，如果不是基督的愛在我們心中，斷然難成。

聖經中有兩個拉撒路，一個是在富人的桌腳乞討麵包屑的窮人，另一個是耶穌的摯友，死裡復活的拉撒路。Omi部落的流浪犬「拉撒路」應該兩者皆是。首先，它是在都市遭受棄養的寵物狗，只能在部落教會的角落乞討人們施捨的食物，但還常遭受驅趕。其次是，它在Omi本於基督之愛的驅使下，死裡逃生，接受醫治最後成爲教會的愛犬。Omi的文字娓娓道來，令人感動不已，其中也有深意。我們是如何對待那些陌生，令人嫌惡，甚至敵對的人事物呢？用稍微學術的語彙，稱之爲「它者」（others）。

野犬「拉撒路」的故事，讓我想到受人敬重的澳洲人類學者好友黛博拉．羅斯（Deborah Rose）的著作《野犬傳命》（Wild Dog Dreaming）。一本講狗的書，但也是講人與上帝關係的書。在書中，她提到有一次被盟友告知，在坎培拉附近某條路上有一些狗被殺死，且吊在樹上。她跑去看了，直覺恐怖至極，在開車回家的路上，她說當下似乎迷失了方向，心中只想著：「上帝啊，祢到底在哪裡？」我想像，如果野犬「拉撒路」在教會會友四處追殺的過程中，Omi沒有動了慈心，自願領養這隻受人嫌惡的流浪犬時，下場應該就類似那些在澳洲被吊了起來的野犬一般。澳洲的野犬，叫做「丁哥」（dingo），一直有一些事件傳說是會傷害人，叼走小孩等。這些對人類有傷害，惡意的「它者」，在什麼情況下我們必須愛它們，忍受獨排眾議的異樣眼光，且付出額外的力氣去照顧它們。為什麼？Omi沒有講得很清楚，但背後必有原因。

我想到之前流行一時的日本動漫電影《鬼滅之刃》，它最引發我注意的不是殺鬼決鬥時的熱血沸騰，反而是每一次主角炭次郎完成一個艱難的任務後，劇情都會稍帶同情地說一段這些鬼之所以變成惡鬼的過程，意思是原本這些鬼（或是尚未變成鬼的人）並非就那麼壞與邪惡。就像是「拉撒路」一樣，可能原本也是都市人家的寵物，但不知是因何緣故，被棄養到部落去，更糟糕的是身染惡疾身上奇臭無比，讓人嫌惡。Omi將它取名「拉撒路」或許正有聖經中乞丐讓人嫌惡的意思。

狗，或許就是讓我們思索「它者」的開端。羅斯在《野犬傳命》的書中講了很多聖經中的狗故事，是我們往往忽略掉的部分。因爲，我們關注的都是人與上帝的關係，而忽略了自然的角色。Rose用狗的故事來點出一些值得關注的主題。像是，她提到在約伯記中的狗，那個倒霉的義人當他的朋友都覺得他的苦難一定是跟得罪上帝有關，要他認罪悔改的聲浪不絕於耳，他的冤屈眞的無處宣洩時，就有一隻狗，羅斯稱它爲「小黑」，靜靜地躺在約伯旁邊，或許有時還會伸出舌頭舔舔約伯的傷口，就這樣陪伴在約伯的身邊。狗爲良伴，所以約伯記中，約伯呼求：「我與野犬爲弟兄、與鴕鳥爲伴侶」。

狗，讓我們思索「苦痛」（suffering）的意義。好像，當我們面對苦痛時，都一定要追根究底地問，到底是爲什麼？但常常是沒有答案的，關於苦痛，也是Omi在他的文字中不斷地呈現的主題，我們想要找到原因，特別是在他參與無數次的抗爭或是接受URM的訓練中，都一定有一個信念或是假設，就是那些背後不義的社會結構造成了這些苦痛，我們不應該否認社會的不義結構存在的事實，也應該挺而抗爭，但我認爲光靠這些是不夠的。以約伯爲例，確實他的苦痛並非源自於他，而是荒謬地來自上帝與撒但的一場賭局，但是他在世間的朋友們沒有人相信他，這個聖經故事告訴我們最後上帝是還了約伯的公道，約伯的抗爭有理。但請不要忘記，在這個故事的過程中，眞正提供安慰的是那隻「小黑」，上帝並沒有出手搭救。

狗，作爲「它者」，跟人並非毫無關係，它是一個較不容易去接受的夥伴。野犬「拉撒路」從極難被接受，一直到後來成爲小孩的玩伴，其中的關鍵是愛，Omi沒有花很多唇舌去説服教會的會友，也沒沒辯論説教，就是單純地愛這隻狗，犧牲自己的時間去照顧這隻狗，結果這隻狗竟然成爲人見人愛的教會狗。這就是一個面對苦痛的明證。面對苦痛，我們需要振臂疾揮，勇敢面對惡勢力，但在這些事情的背後，我們必須要有愛作爲支撐。

苦痛（suffering）的意義

林益仁

一系列歐蜜的生命故事讓我想到德國導演文・溫德斯（Wim Wenders）詮釋巴西攝影師薩爾加多（Sebastião Salgado的傳記影片《薩爾加多的凝視》，其實我偏好它的英文原名The Salt of the Earth（地上的鹽）。

有一段時間，我深深被攝影師薩爾加多的影像所震撼。在這部自傳性紀錄片的開頭，影像便帶觀眾到巴西Serra Pelaga（原文「無畏之山」），進入1979年的淘金熱場景。在那裡，無非就是一場一場的搏命生命賭盤，每個人都用赤裸的雙手與原始的肉體本錢下注。像螻蟻一般的日子，苟活、暴力、盼望、弱肉強食與人性無底的貪婪全部溶成一塊。說眞的，薩爾加多的影像讓我屏息。

爲何有人可以凝視苦難到如此的程度？我承認自己完全沒有能力進行這樣的美學批判。這讓我想起生態哲學家霍姆斯・羅爾斯頓三世（Holmes Rolston III）在靜宜大學的演講中，曾說:「生命就是一團亂」（Life is in a mess.）。在我喜歡的「大河戀」（A River Runs Through It）電影中，主人翁是芝加哥大學的文學教授諾曼・麥克連（Norman Maclean），他自承加爾文傳下來的長老教會改革宗信條就是相信「生命是一場受詛咒的混亂」（Life is but a damned mess）。但奇妙的是，亂中產生秩序則是生命的出口，演化學說論述的逢機選擇與物競天擇似乎也是從這個出發點開始。混亂中所顯現出的殘暴、無情與冷酷，這是自然的一面。自然如此，從自然而出的人性亦是如此！

值得注意的是，羅爾斯頓的哲學並未停留在「生命只是一場受詛咒的混亂」的階段。他指出生命中受苦的常態，表面上似乎如佛家所言，但他卻進一步說明其背後的積極生命意義。他用美國初春復活節時刻開花的復活節花（pasque flower）做比喻，指出自然之道，即是十架的道路。復活節花是一種白頭翁屬（Pulsatilla）的植物。保育哲學家利奥波德（Aldo Leopold）也曾描述過它，他說：「有機會找到一朵復活節花，是一種權利，就像是言論自由一般，不容剝奪。」羅爾斯頓在1979年，以其為名寫了篇短文，從物候的角度詮釋了這種花，在造物者的世界中所凸顯的救贖意義。當它在北美溫帶開花的時節，尚且是冰雪覆蓋的氣候，然而它含容了寒冬禁錮的力量，帶來了新生的氣息。冰雪對於它並非威脅，而是自然的一部分，看起來它必須忍受低冷的考驗，如受苦一般。但是反觀，這或許正是他在自然過程中得到滋養的一個必須過程。環境的壓力塑造生命的韌性，羅爾斯頓的哲思反映了我們常說的「不經一番寒徹骨，怎得梅花撲鼻香」，寒冷的氣溫與復活節花的開花是連在一起的生命現象。羅爾斯頓在文末說，讓冬天來吧！生命將會開花，只要地球還有存在的一天。

回到薩爾加多，他意圖以如此寫實的方式直逼苦難，看到生命中難以承受的重，或許這是他自己也承受不起的負擔，但他勇敢地用鏡頭去紀錄它，顯示他並不迴避，證足了苦痛並非口頭講講，而是眞實存在，當然他也付出代價。但值得注意的是，自然中有苦難，也有救贖的啓示。這種雙向與辯證的關係被羅爾斯頓指了出來。其實，我發現在歐蜜細膩與抒情的生命故事文字中也處處可見這種苦痛與救贖的奇特辯證，而它的核心精神是愛的體現。在台語中，「疼」與「愛」的發音是一樣的，這或許也是另一個好的例子，讓我們深思苦痛的意義。

. BOX .

〔家園對話〕

思索「家園」

林益仁

在一場演講中，著名的人文地理學者段義孚引用聖經中耶穌講的話語：「狐狸有洞，天空的飛鳥有窩，人子卻沒有枕頭的地方。」（路加福音九章58節），來表達宗教徒對於家園的態度，他也重新定義了「無地方性」（placelessness）這個名詞，並非虛無，迷失沒有方向感。反而，它有一種超越，流離，解脫於當下社會文化結構束縛的自由與合一。他更認為不只是基督教如此，佛教所講的「空」、「緣起」與「涅槃」也有類似精神。

幾天前，聽聞段義孚教授過世了。一代哲人遠去，但他思索家園為何的主題，卻對許多人（包括我在內）產生極大的啓發。他指出對於家園的想像，不同的社會在歷史演進中有不同的建構。家園，並非時下所認知的樣貌。在一場「家在它方」（home as elsewhere）的演說中，他提及「家」在西方成為情感，歸屬，物質需求或是心靈依靠的舒適封閉空間，僅是近兩百年內出現的事，而且跟逐漸富有的中產階級興起有必然的關係。他並指出「根著性」（rootedness）與

「地方感」（sense of place）是認識家園的重要索引，還特別強調這兩者雖然相關，但並非同一件事。

簡單來講，有人好幾代都住在同一地方，日出而作，日落而息，每天習慣性地過一樣的生活，但卻不見得對所住的地方有特別的感受與認識。反之，有人去到一些陌生特殊的地方，但卻能夠在當下與當地產生一種跟土地感應且融爲一體的共鳴與情感。可見，根著多久的客觀時間與歷史，並不見得完全可以轉換成對土地的情感與認識，關鍵在於敏銳的感知與後續的反思過程，難怪他要講「家在它方」。段義孚教授對地方概念的深刻提點，讓我們對於所謂的「在地」或是「家」的想像都有另一番的再思。

段義孚教授的哲思讓我回想到歐蜜牧師的生命經驗與故事。作爲一個原住民，或許他會主觀地期待就在原鄉好好地過生活就好，但他的生命卻是異常地流離，有時是主動，有時卻是被動的。在不斷移動的過程中，從部落到基隆求學，然後四處打工，到玉神去唸神學院，卻又因緣際會積極地跑到台北中正廟參加野百合學運，去菲律賓的貧困社區服務，加入URM城鄉運動的訓練，又因是牧師的緣故受派到不同地方的教會服事，他眞的像極了耶穌所說「狐狸有洞，飛鳥有窩，人子沒有枕頭的地方」啊！但我感覺到最可貴的不是歐蜜牧師的流離經驗，反而是他到每一個地方的投入與熱誠，不管到哪裡，在他的故事裡都可感受到一種眞誠的溫暖，流滲在他與人以及土地連結的態度之中。在這些互動的關係中，有信仰的交誼，有愛情與親情，有土地正義，有對野犬「拉撒路」的憐憫等。

其實，這些經驗的背後在在都是困境，是一般人覺得難忍與難堪的境地，是那些嫌惡台灣這個地方的人口中嚷嚷的「鬼地方」或是「鬼島」。但讓我感動的是，歐蜜牧師基於信仰的力量，總是能夠在這些困苦的地方進行轉換，這是他貨眞價實的「地方感」，他回應段義孚「家在它方」的美好見證，看到他的文字我往往不禁想喊出「哈利路亞」。但值得注意的是，我想縱然有這些美好的見證，我們不應忽視這些地方不義結構存在的事實，而放棄了抵抗與翻轉所需要的努力。換句話說，我們還是必須認眞地去思索一個美好與健康家園如何可能的做法。

在原鄉與都會，都有原住民的家，家眞的不是一個衛星定位中的物理空間點位而已。或許比較眞確地描述，它像是一個（群）人生命流動歷程中所建立起的時空線條，在這個時空線中，每個當下我們都與一些人、事、物在時間與空間上相遇，問題是我們有多麼在意這些「相遇」（encountering）的過程呢？還是，我們記得的只是結果？這些「相遇」背後又有什麼意義呢？相遇，是眞實的身體移動經驗，它包含了感知與情感。情感不一定是愉悅的，有時會有恐懼或是嫌惡。但無論如何，這些情感與認知將我們深深地與地方連結。從這個角度來閱讀歐蜜的文字，我可以深深地感受到他的認眞與敏銳，而這些敏感度又能夠化爲一篇篇的故事與反思很不簡單。認眞思索，這豈不是段義孚所言的「地方感」嗎？在某種程度上，地理學理論深奧抽象的對話中，歐蜜是用他的生命經驗故事體證與呼應了一代宗師的思想精髓。其中，最重要的是幫助我們再度思索家園的意涵。

主流人物系列10

編織家園

作　　者：歐蜜．偉浪、林益仁
社　　長：鄭超睿
發 行 人：鄭惠文
總 編 輯：鄭超睿
封面設計：張凌綺
封面攝影：黃謙賢
排　　版：張凌綺

出版發行：主流出版有限公司 Lordway Publishing Co. Ltd.
出 版 部：臺北市松山區南京東路五段389巷5弄5號1樓
電　　話：(02) 2766-5440
傳　　真：(02) 2761-3113
電子信箱：lord.way@msa.hinet.net
劃撥帳號：50027271
網　　址：www.lordway.com.tw

經　　銷：
紅螞蟻圖書有限公司
臺北市內湖區舊宗路二段121巷19號
電話：(02) 2795-3656　　傳眞：(02) 2795-4100
華宣出版有限公司
新北市中和區連城路236號3樓
電話：(02) 8228-1318　　傳眞：(02) 2221-9445

初版1刷：2022年10月
書號：L2205

ISBN：978-626-96350-3-0（平裝）
Printed in Taiwan

國家圖書館出版品預行編目(CIP)資料

編織家園/歐蜜.偉浪, 林益仁著. --初版. --台北市：
主流, 2022. 10
面：　公分. --（主流人物系列：10）
ISBN 978-626-96350-3-0（平裝）

1. CST: 歐蜜.偉浪　2. CST: 自傳　3. CST: 臺灣

783.3886　　111016946